2.

Jetzt wird's SÜß

80 überraschende Backrezepte, die glücklich machen.

Media Partisans GmbH
Berliner Str. 89
14467 Potsdam
ISBN: 978-3-981299-7-3

Du findest uns auf:

www.leckerschmecker.me

Für jedes Rezept gibt es einen QR-Code
als Direktlink zum Rezeptvideo.

Mit leckeren Weihnachtsrezepten
in jedem Kapitel 

Kuchen & Torten

Weihnachtsrezepte

Schwarzwälder Kirschtorte

Dafür brauchst du

Schokoladenteig

300 g Zucker
240 g Mehl
240 ml Buttermilch
240 ml heißes Wasser
110 ml Pflanzenöl
90 g Backakao
2 Eier
3 TL Backpulver
2 TL Vanillearoma
1 TL Salz

Schichten

Kirschsirup
500 g Schlagsahne
ca. 15 Kirschen

Dekoration

100 g Schokolade
100 g Schlagsahne
7 Kirschen mit Stiel
feingehackte Schokolade

So lange brauchst du

Zubereitung:
ca. 1 Std
+ 1 Std kalt stellen
Ober-/Unterhitze:
160 °C - 50 Min

2 Springformen:
16 cm

▶ Hier geht´s zum Video: www.leckerschmecker.me/schwarzwaelder-kirschtorte

1. Zuerst kommt der Schokoladenkuchen an die Reihe: Gib dafür alle Zutaten in eine große Schüssel und verrühre sie zu einem glatten Teig. Teile diesen dann auf zwei gleich große, gefettete Springformen auf. Beide werden für 50 Minuten bei 160 °C gebacken.

2. Lege für die Schokoladendekoration ein Blatt Backpapier auf deine Arbeitsfläche und gieße mittig die 50 g geschmolzene Schokolade darauf. Lege ein zweites Blatt darauf und walze die Masse zwischen den Blättern vorsichtig aus. Rolle die Blätter nun um ein Nudelholz und stelle das Ganze für 1 Stunde kalt. Entferne dann das obere Blatt Backpapier und brich die Schokolade in längliche Spalten.

3. Nach dem Auskühlen der Kuchen schneidest du beide horizontal in zwei gleich dicke Böden. Schlage die Sahne steif. Lege einen der Böden auf eine Kuchenplatte und bestreiche ihn mit Kirschsirup. Darauf verteilst du eine Schicht geschlagene Sahne. Belege die ganze Fläche mit Kirschhälften und verteile nochmal eine Sahneschicht darauf. Wiederhole diese Schritte mit zwei weiteren Kuchenböden. Der letzte Kuchenboden kommt obendrauf.

4. Umhülle nun dein Werk vollständig mit geschlagener Sahne und streiche sie glatt.

5. Bringe für die Dekoration zunächst die Schokospalten rings um die Torte herum an. In den mittleren Bereich der Oberseite streust du die feingehackte Schokolade. Mit einer Spritztülle spritzt du dann Sahnetupfer in etwa gleichen Abständen rundherum ebenfalls auf die Oberseite. Setze auf jeden Tupfer eine Kirsche.

Himbeer-Spiralkuchen

Dafür brauchst du

Biskuitteig

180 g Mehl
4 Eigelb
200 g Zucker
1 TL Vanillearoma
½ TL Salz
1 TL Backpulver
100 ml Öl
60 ml Wasser
6 Eiweiß

Füllung

600 g Schlagsahne
30 g Backkakao
90 g Puderzucker

Garnierung

Mandelblättchen
frische Himbeeren
einige große Schokoraspel

So lange brauchst du

Zubereitung:
ca. 45 Min
Umluft:
160 °C - 18 Min

▶ Hier geht´s zum Video: www.leckerschmecker.me/himbeer-spiralkuchen/

1. Gib Mehl, Eigelb, Zucker, Vanillearoma, Salz, Backpulver, Öl und Wasser in eine große Rührschüssel und verrühre die Backzutaten zu einem glatten Teig. Schlage in einer separaten Schüssel Eiweiß steif und hebe es unter den übrigen Teig. Streiche den Biskuitteig auf einem mit Backpapier ausgelegten Backblech glatt und backe ihn für 18 Minuten bei 160 °C.

2. Schlage die Sahne kurz mit einem Handrührgerät auf, ehe du unter stetigem Rühren Kakao und Puderzucker dazugibst.

3. Die steifgeschlagene Schokosahnecreme streichst du gleichmäßig glatt auf den ausgekühlten Biskuitboden. Hebe einen Teil der Sahnecreme auf! Bestreue den Boden außerdem mit Mandelblättchen und drücke die Himbeeren leicht in die Creme.

4. Schneide den Kuchen in fünf gleich breite Streifen. Beginne damit, den ersten Streifen eng aufzurollen. Übe dabei nicht zu viel Druck aus, da die Füllung sonst herausquillt. Stelle die Rolle in die Mitte eines großen Tellers und wickle die restlichen Streifen drumherum.

5. Streiche den Rest der Sahnecreme mithilfe einer Winkelpalette um den Rand herum. Um das Muster zu gestalten, ziehe die Winkelpalette in kleinen Abständen vor und zurück. Um den Kuchen zu garnieren, streue einige weitere Mandelblättchen, Himbeeren sowie Schokoraspel auf. Zum Schluss garnierst du den unteren Rand des Kuchens so, dass dieser nicht mehr sichtbar ist.

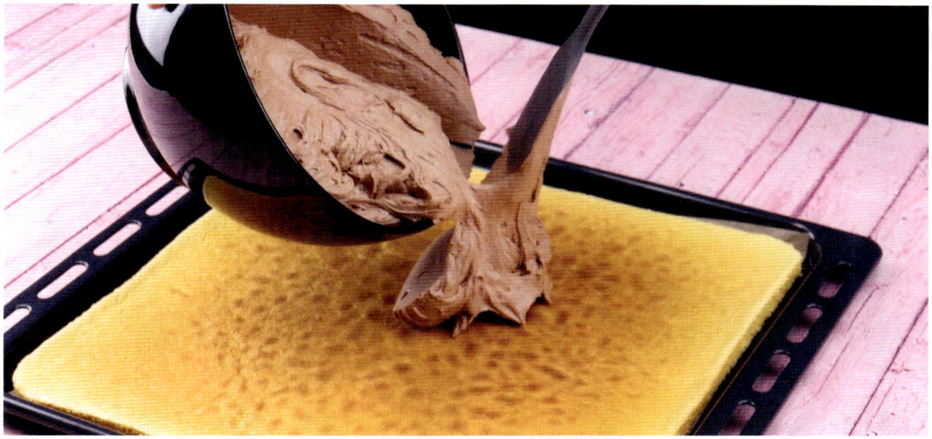

Regenbogen-Crêpe-Kuchen

Dafür brauchst du

Crêpes

1 ½ l Milch
600 g Mehl
100 g Zucker
6 Eier
1 Prise Salz
Lebensmittelfarbe in Gelb, Grün, Türkis, Lila, Rosa und Orange

Creme

750 g Frischkäse
150 g Zucker
2 EL Vanillearoma
400 g Schlagsahne

Dekoration

Schlagsahne
Amarenakirschen

So lange brauchst du

Zubereitung:
ca. 40 Min
Braten:
ca. 3 Min pro Crêpe

▶ **Hier geht´s zum Video:** www.leckerschmecker.me/regenbogen-crepe-kuchen/

1. Für die Crêpes verrührst du zunächst alle Zutaten außer der Lebensmittelfarbe zu einem glatten Teig. Stelle dann sechs kleinere Schüsseln bereit und verteile den Teig zu gleichen Teilen.

2. Jetzt kommt die Lebensmittelfarbe zum Einsatz: Färbe alle Teigportionen, indem du die Lebensmittelfarben mithilfe eines Schneebesens einrührst.

3. Jetzt backst du einen Crêpe nach dem anderen in einer beschichteten Pfanne. Gib dafür gerade so viel Teig hinein, dass der Boden hauchdünn bedeckt ist; außerdem setzt du während des Backens einen Deckel auf die Pfanne, so bleiben die Crêpes geschmeidig.

4. Verrühre nun Frischkäse, Zucker und Vanillearoma zu einer glatten Creme. Schlage die Sahne steif und hebe sie unter die Creme.

5. Nun werden die Crêpes bunt aufeinandergeschichtet. Zwischen jeden Crêpe kommt eine Schicht Creme.

6. Zur Dekoration verteilst du mit einer Spritztülle rundherum Sahnekleckse und jeweils eine Kirsche auf der Crêpe-Torte.

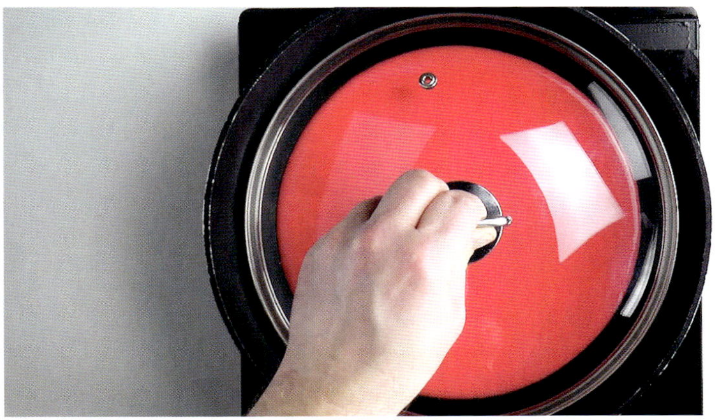

Eis-Ganache-Kuchen

Dafür brauchst du

Kekse

110 g braunen Zucker
100 g weißen Zucker
100 g weiche Butter
1 Ei
1 EL Vanillearoma
1 Prise Salz
160 g Weizenmehl
½ TL Backpulver

Schokoladenrand

600 g dunkle Kuvertüre
200 g Schlagsahne

Füllung

800 g Stracciatella-Eis

So lange brauchst du

Zubereitung:
ca. 30 Min
+ 30 Min kalt stellen
+ 20 Min gefrieren

Umluft:
180 °C - 14 Min

Gugelhupfform:
23 x 8 cm

▶ Hier geht's zum Video: www.leckerschmecker.me/eis-ganache-kuchen/

1. Verrühre zuerst – bis auf das Mehl und das Backpulver – alle Zutaten für die Kekse miteinander. Erst danach gibst du Mehl und Backpulver hinzu und vermengst alles zu einem glatten Teig. Stelle diesen für 30 Minuten in den Kühlschrank.

2. Verteile den Teig, z.B. mithilfe eines Eisportionierers oder zweier großer Löffel, in Kugelform auf einem Blech und backe die Kekse für 14 Minuten bei 180 °C.

3. Während die Kekse abkühlen, schmilzt du die Kuvertüre zusammen mit der Sahne im Wasserbad. Rühre dabei immer wieder um, sodass sich eine cremige Ganache bildet.

4. Gieße nun etwa drei Viertel der Ganache in die Gugelhupfform und verteile sie mit einem Löffel gleichmäßig an den Rändern und der Mitte. Zerkleinere mit den Händen die abgekühlten Kekse und verteile den größeren Teil der Krümel in der Form.

5. Gib das Eis in die Form und streue weitere Kekskrümel obendrauf.

6. Streiche zum Schluss das letzte Viertel der Ganache auf das Eis und stelle das Ganze für 20 Minuten in den Tiefkühlschrank.

7. Nun kannst du die kalte Köstlichkeit noch mit den übriggebliebenen Kekskrümeln garnieren.

„After-Eight"-Kuchen

Dafür brauchst du

Teig
150 g Butter
200 g Mehl
50 g Backkakao
30 g Zucker
Butter zum Einfetten

Creme
100 g weiße Schokolade
250 ml Milch
3 Blatt Gelatine
20 g Zucker
1 Ei
ca. 40 ml Pfefferminzsirup
100 g Schlagsahne

Garnierung
Minzschokoladenblätter
frische Pfefferminze

So lange brauchst du

Zubereitung:
ca. 40 Min
+ 30 Min kalt stellen

Ober-/Unterhitze:
180 °C - 20 Min
+ 1 Std kalt stellen

Backform:
11 x 35 cm

▶ Hier geht´s zum Video: www.leckerschmecker.me/after-eight-kuchen/

1. Würfle die Butter und gib sie mit dem Mehl, Kakao und Zucker in eine Schüssel und verknete alles zu einem Teig. Forme daraus eine Kugel und wickle sie in Frischhaltefolie ein. Das Ganze kommt anschließend für 30 Minuten in den Kühlschrank.

2. Rolle den Teig zu einer langen Wurst aus und walze ihn mit einem Nudelholz in eine ungefähr rechteckige Form. Wickle ihn anschließend um das Nudelholz herum, so lässt er sich leichter transportieren.

3. Über einer gefetteten rechteckigen Tarteform wird der Teig wieder ausgerollt. Drücke ihn hinein und entferne die überstehenden Teigränder. Backe den Teig in der Form für 20 Minuten bei 180 °C.

4. Weiche die Gelatine in etwas Wasser ein. Für die Creme zerkleinerst du zuerst die Schokolade, erwärmst Milch und gießt diese über die Schokolade. Verrühre beides so lange mit einem Schneebesen, bis sich die Schokolade aufgelöst hat. Drücke die Gelatine aus und rühre sie dann ein.

5. In einer weiteren Schüssel schlägst du das Ei und den Zucker schaumig. Rühre nun die Schokolade-Gelatine-Milch sowie den Pfefferminzsirup unter. Lass die Mischung erkalten, schlage dann die Sahne steif und hebe sie unter die Creme.

6. Verteile die Minzcreme anschließend auf dem ausgekühlten Tarteboden, streiche sie glatt und stelle alles 1 Stunde lang in den Kühlschrank.

7. Als Garnierung setzt du nun noch Minzschokoladenblätter und frische Pfefferminze obenauf.

Colaflaschen-Kuchen

Dafür brauchst du

Teig
350 ml Cola
150 g Mehl
80 g Backkakao
200 g Zucker
½ TL Backpulver
1 Prise Salz

Creme
250 g weiche Butter
250 g Puderzucker
300 g Frischkäse

Außerdem
150 g weiße Schokolade
600 g Zartbitter-schokolade

So lange brauchst du

Zubereitung:
ca. 1 Std
Ober-/Unterhitze:
170 °C - 30 Min

Backform:
24 x 31 cm
1 runde Ausstechform
1 leere Colaflasche

▶ Hier geht´s zum Video: www.leckerschmecker.me/colaflaschen-kuchen/

1. Verrühre Cola, Mehl, Kakao, Zucker, Backpulver und Salz zu einem glatten Teig. Gieße diesen in ein gefettetes tiefes Backblech und backe ihn für 30 Minuten bei 170 °C. Aus dem fertigen, abgekühlten Blechkuchen stichst du mit der Ausstechform mehrere Kreise aus.

2. Schmilz die weiße und die Zartbitterschokolade jeweils im Wasserbad. Löse vorsichtig das Etikett von der leeren Colaflasche ab und schneide sie in zwei Hälften. In die obere Hälfte kommt geschmolzene weiße Schokolade, die du locker schwenkst und als halbhohe Schicht an der Flaschenwand fest werden lässt. Jetzt kommt noch etwas von der geschmolzenen Zartbitterschokolade in die obere Flaschenhälfte. Auch diese wird zu einem dünnen Rand geschwenkt. Nimm gerade so viel, dass der Schokorand bis zur Schnittkante reicht. Wiederhole den Vorgang etwa dreimal, damit der Rand an Stabilität gewinnt. Stelle das Ganze kühl. Die Wände der unteren Flaschenhälfte werden mit der restlichen Zartbitterschokolade bezogen. Auch hier sollte der Rand dick genug sein und anschließend kühl gestellt werden.

3. Schlage für die Creme Butter mit dem Puderzucker schaumig und rühre den Frischkäse ein. Die Flaschenhälften werden nun schichtweise mit der Creme und den runden Blechkuchenstücken befüllt. Trenne danach behutsam das Plastik der Flasche mit einem Cuttermesser ab.

4. Mit einem kleinen Klecks geschmolzener Schokolade können die beiden Kuchenhälften aufeinandergesetzt werden. Das Etikett wird um die Schokoflasche gelegt. Stelle diesen ungewöhnlichen Kuchen bis kurz vor dem Servieren kalt.

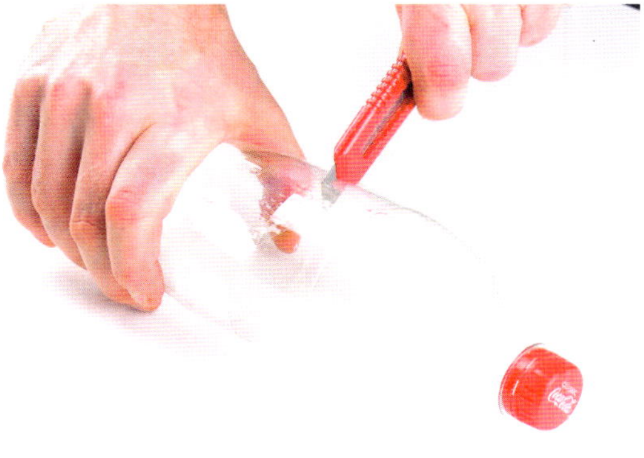

Zebra-Torte

Dafür brauchst du

Teig

10 Eigelb
300 g Zucker
1 EL Vanillearoma
100 ml Wasser
400 ml Pflanzenöl
800 g Mehl
3 TL Backpulver
10 Eiweiß
Lebensmittelfarbe in Pink, Schwarz und Weiß

Buttercreme

400 g Puderzucker
150 ml Kokosfett
150 g weiche Butter
Lebensmittelfarbe in Weiß und Pink

Außerdem

schwarzen Fondant

So lange brauchst du

Zubereitung:
ca. 1 Std
+ 1 Std kalt stellen
Umluft:
160 °C - 1 Std

2 Springformen:
23 cm

▶ Hier geht´s zum Video: www.leckerschmecker.me/zebratorte/

1. Schlage das Eigelb, den Zucker, das Vanillearoma und das Wasser schaumig. Gib das Pflanzenöl hinzu und arbeite dann das Mehl und das Backpulver vorsichtig mit einem Schneebesen ein. Schlage nun in einer separaten Schüssel das Eiweiß steif und hebe es unter den Teig.

2. Teile den Teig zu gleichen Teilen in drei Schüsseln auf und rühre jeweils die pinkfarbene, die schwarze und die weiße Lebensmittelfarbe ein. Nimm nun zwei gefettete Springformen zur Hand und gieße eine Kelle des weißen Teigs in die Mitte der beiden Formen. Darauf schöpfst du mittig jeweils einen Klecks des schwarzen und darauf einen des pinkfarbenen Teigs. Dies wiederholst du in derselben Reihenfolge so lange, bis sich der Teig vollständig in den Formen befindet.

3. Backe beide Tortenböden für 1 Stunde bei 160 °C und lass sie dann auskühlen. Löse beide Böden aus der Form und schneide jeweils die Oberseite ab, sodass du eine ganz ebene Fläche erhältst. Setze den ersten Boden anschließend auf eine Kuchenplatte.

4. Erwärme das Kokosfett. Schlage für die Creme die Butter 2 Minuten auf, gib das Kokosfett hinzu und schlage die Mischung weitere 2 Minuten auf. Gib den Puderzucker portionsweise dazu und rühre ihn vorsichtig ein. Schlage die Masse für eine weitere Minute auf höchster Stufe auf. Färbe ein Viertel der Buttercreme mit Lebensmittelfarbe pink ein und stelle sie kalt, da sie erst am Ende für die Dekoration benötigt wird. Die restlichen drei Viertel der Creme färbst du weiß.

5. Widme dich nun den beiden Tortenböden. Bestreiche den ersten Boden gleichmäßig mit der weißen Buttercreme. Setze den zweiten Boden mit der Schnittkante nach unten darauf, ummantele die Torte mit Buttercreme und stelle sie kalt.

6. Rolle nun den Fondant auf deiner Arbeitsfläche aus und schneide ihn in spitz zulaufende Streifen. Setze diese Streifen leicht versetzt nebeneinander auf den Rand und die Oberseite der Torte.

7. Als Abschlussverzierung dient die pinkfarbene Buttercreme: Bringe mithilfe eines Spritzbeutels kleine Kleckse davon rund um die Torte herum an.

Himbeer-Geschenk-Kuchen

Dafür brauchst du

375 g Zucker
375 g Mehl
375 g weiche Butter
6 Eier
1 EL Backpulver
700 g frische Himbeeren
65 g Gelierzucker 3:1
200 g Fondant in Gelb

So lange brauchst du

Zubereitung:
ca. 1 Std
Ober-/Unterhitze:
180 °C - 50 Min

Kuchenform:
23 x 23 cm
Einmachgläser:
5

▶ Hier geht´s zum Video: www.leckerschmecker.me/himbeer-geschenk-kuchen/

1. Schlage die Eier mit dem Zucker schaumig. Mische das Mehl mit dem Backpulver und rühre es unter die schaumige Eiermasse. Danach arbeitest du die weiche Butter unter, bis ein glatter Teig entsteht. Fülle zunächst die Hälfte des fertigen Rührteigs in die gefettete quadratische Kuchenform und streiche ihn glatt.

2. Nun kommt der Fruchtaufstrich an die Reihe: Gib 200 g Himbeeren dafür in einen Topf und püriere sie. Füge den Gelierzucker hinzu, bringe alles unter Rühren zum Kochen und lass es weiter bei starker Hitze unter kontinuierlichem Rühren 3 Minuten sprudelnd kochen. Anschließend füllst du den Fruchtaufstrich in Einmachgläser. Alternativ kannst du auch zu fertiger Himbeermarmelade greifen.

3. Verteile 5 EL des Fruchtaufstrichs auf dem Teig und ziehe dann mit dem Löffelstiel einige Bahnen hindurch, sodass eine Marmorierung entsteht. Gib nun die zweite Hälfte Teig darauf und streiche die Oberfläche wiederum glatt. Anschließend wird das Ganze für 50 Minuten bei 180 °C gebacken.

4. Nimm den abgekühlten Kuchen aus der Form und lege zwei breite Streifen Fondant kreuzförmig darüber.

5. Bestreiche nun die übrige Kuchenoberfläche mit etwa 125 g des Fruchtaufstrichs. Setze dann die restlichen 500 g Himbeeren in Reihen auf die bestrichene Fläche. Als i-Tüpfelchen ergänzt du die Details der Fondant-Schleife: zwei kürzere schmalere Streifen mit gezacktem Ende, zwei Schlaufen und zuletzt einen Ring für die Mitte. Fertig ist das fruchtige Kunstwerk!

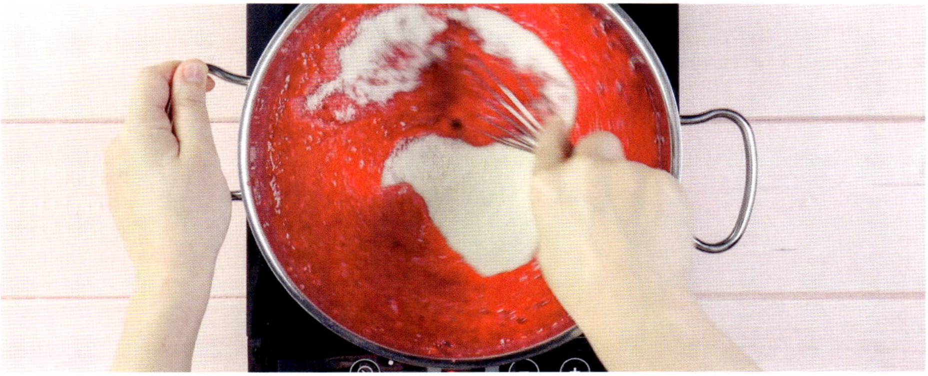

Spaghetti-Torte mit „Fleischbällchen“

Dafür brauchst du

Boden
2 Eier
65 g Zucker
½ Pck. Vanillepudding-pulver
1 Prise Salz
¼ TL Backpulver
35 g Mehl
35 g Speisestärke

Buttercreme
2 Eiweiß
½ TL Vanillearoma
170 g Puderzucker
170 g weiche Butter

Erdbeersoße
40 g Zucker
400 g Erdbeeren, gefroren
Saft einer Zitrone
etwas Zitronenabrieb

Dekoration
1 ½ Pck. Vanillepuddingpulver
300 ml Milch
60 g Zucker
6 Schokokugeln
weiße Schokolade

So lange brauchst du

Zubereitung:
ca. 1 Std
Umluft:
180 °C - 30 Min

Kuchenform:
18 cm

▶ Hier geht´s zum Video: www.leckerschmecker.me/spaghetti-torte/

1. Rühre Eier und Zucker schaumig. Dann rührst du nacheinander das Puddingpulver, das Salz, das Backpulver, das Mehl und die Speisestärke ein. Sobald ein glatter Teig entstanden ist, füllst du ihn in eine Springform und backst ihn für 30 Minuten bei 180 °C.

2. Lass den Tortenboden erkalten und halbiere ihn waagrecht in zwei „Scheiben“. Lege den „Deckel“ zunächst beiseite.

3. Für die Buttercreme verrührst du zuerst Eiweiß, Vanillearoma und Puderzucker mit einem Handrührgerät. Rühre dann die Butter nach und nach unter. Sobald du eine gleichmäßige Creme erhalten hast, füllst du einen Teil in einen Spritzbeutel und spritzt einen dicken Kranz auf den äußeren Rand des Tortenbodens.

4. Lass 40 g Zucker in einem Topf schmelzen und gib dann die Erdbeeren dazu. Reibe nach Belieben Zitronenschale hinein. Presse dann den Saft der Zitrone in den Topf und lass alles zusammen aufkochen und anschließend etwas köcheln. Püriere die Mischung zu einer Soße, lass sie abkühlen und verteile ca. drei Viertel davon in dem Buttercreme-Kranz auf dem Tortenboden..

5. Setze den „Deckel“ auf den Tortenboden und drücke ihn ganz leicht an. Ummantle mit dem Rest der Buttercreme gleichmäßig die Tortenböden.

6. Bereite nun die „Spaghetti“ zu. Koche die 300 ml Milch mit dem Zucker auf und verrühre das Puddingpulver mit etwas Milch. Sobald die Milch kocht, verrühre das Puddinggemisch darin und lasse den Pudding noch 1 Minute aufkochen. Lass ihn so weit abkühlen, dass er nicht mehr flüssig ist, und fülle ihn dann in einen Spritzbeutel mit feiner Tülle. Spritze unregelmäßige Linien auf die Torte, setze drei Schokokugeln darauf und fahre dann fort, mit dem Spritzbeutel Linien zu ziehen. Zuletzt kommen noch ein paar Löffel Erdbeersoße sowie etwas geriebene weiße Schokolade darüber.

Kuppeltorte mit Brombeeren

Dafür brauchst du

Biskuitrolle

4 Eier
100 g Zucker
4 EL heißes Wasser
100 g Mehl
40 g Speisestärke
1 TL Backpulver
30 g Zucker zum Bestreuen
100 g rote Konfitüre

Creme

330 g Brombeeren
50 g Zucker
50 ml Wasser
500 g Frischkäse
200 g Schlagsahne
1 EL Vanillearoma

So lange brauchst du

Zubereitung:
ca. 45 Min
+ 4 Std kalt stellen
Ober-/Unterhitze:
200 °C - 10 Min

---

große Schüssel

▶ Hier geht´s zum Video: www.leckerschmecker.me/kuppeltorte/

1. Erhitze das Wasser und gib es zu den Eiern und dem Zucker in eine Schüssel. Verquirle die Zutaten so lange, bis eine schaumige Masse entsteht. Nun siebst du das Mehl, die Speisestärke und das Backpulver darüber und hebst alles anschließend vorsichtig unter.

2. Verteile die Teigmasse auf einem mit Backpapier ausgelegten Backblech und backe den Teig für 10 Minuten bei 200 °C im vorgeheizten Backofen.

3. Lass den Teig kurz auskühlen und stürze ihn danach auf ein großes, sauberes Küchentuch, das du zuvor mit ein paar Prisen Zucker bestreut hast. Mit einem Löffel verteilst du die rote Konfitüre auf dem fertigen Biskuitboden.

4. Nun rollst du den Biskuitboden mithilfe des Küchentuchs zu einer langen Rolle zusammen. Danach schneidest du die Rolle in ca. 2 cm breite Scheiben.

5. Gib 300 g Brombeeren, Zucker und Wasser in einen Topf und koche das Ganze für 10 Minuten ein. Anschließend lässt du die Fruchtmasse erst einmal etwas abkühlen. Gib nun jeweils 250 g Frischkäse in je eine Schüssel. In die erste fügst du das Vanillearoma und die zuvor steif geschlagene Schlagsahne hinzu, in die zweite Schüssel passierst du die Brombeermasse.

6. Nun drückst du die einzelnen Biskuitröllchen auf dem Boden und an den Wänden einer mit Frischhaltefolie ausgelegten großen Schüssel sanft fest. Es sollten möglichst wenig Zwischenräume zu sehen sein.

7. Dann füllst du zuerst die Frischkäse-Sahne-Mischung in die Mitte der Schüssel und legst die zuvor beiseitegelegten Brombeeren darauf. Anschließend verteilst du die Frischkäse-Brombeer-Mischung darüber. Die restlichen Biskuitröllchen legst du obendrauf und deckst die überlappende Frischhaltefolie darüber. Vor dem Servieren stellst du das Ganze für 4 Stunden in den Kühlschrank.

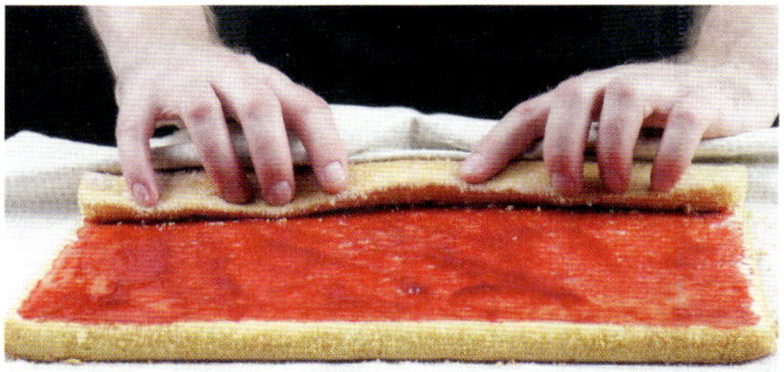

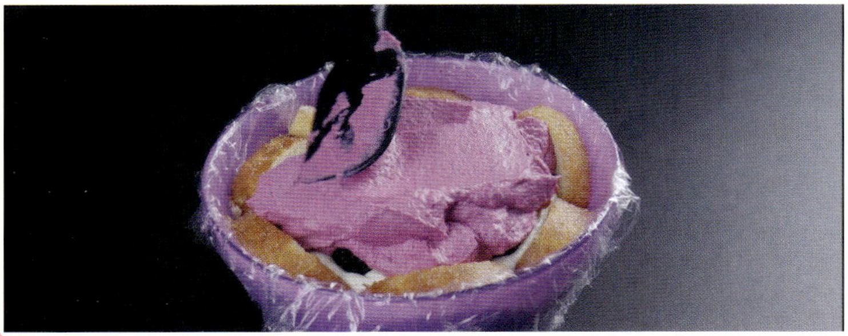
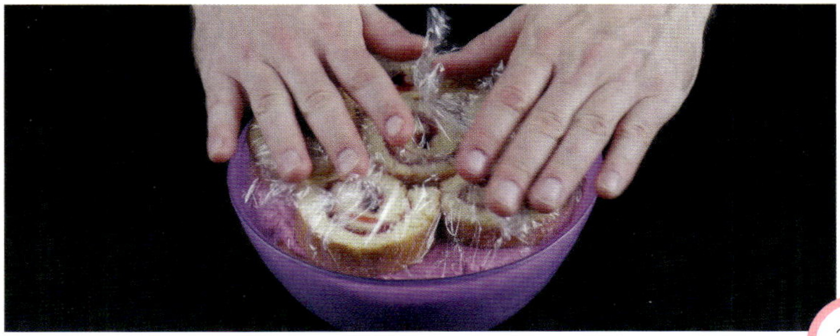

Beeren-Sahne-Traum

Dafür brauchst du

Teig

130 g Mehl
300 g Zucker
1 TL Vanillearoma
1 Prise Salz
1 TL Backpulver
9 Eiweiß

Füllung

60 g Himbeermarmelade
120 g frische Beeren
120 g Schlagsahne
1 Pck. Vanillepuddingpulver
500 ml Milch
40 g Zucker

Garnierung

frische Beeren
Minzblättchen

So lange brauchst du

Zubereitung:
ca. 45 Min
Umluft:
175 °C - 40 Min

Springform:
23 cm
leere Dose

▶ Hier geht´s zum Video: www.leckerschmecker.me/beeren-sahne-traum/

1. Siebe das Mehl und 150 g Zucker in eine Schüssel. Schlage in einer weiteren Schüssel den übrigen Zucker, Vanillearoma, Salz, Backpulver und Eiweiß steif. Hebe nun Mehl und Zucker nach und nach unter die Eiweißmischung.

2. Setze eine leere, gereinigte und etikettenfreie Konservendose in die Mitte einer gefetteten Springform. Beschwere die Konservendose mit etwas Hitzebeständigem, z.B. mit getrockneten Erbsen oder anderen Hülsenfrüchten. Verteile den Teig dann gleichmäßig um die Dose herum und backe ihn für 40 Minuten bei 175 °C.

3. Entferne zuerst vorsichtig die Dose, sobald der Kuchen etwas abgekühlt ist. Stürze den ausgekühlten Kuchen aus der Form und schneide mit einem Messer ca. 1,5 cm vom Außenrand entfernt kreisförmig ein paar Zentimeter tief in den Teig hinein. Dasselbe wiederholst du dann im Abstand von ca. 1,5 cm am Innenrand. Entferne mit den Fingern den oberen Teil des Teiges zwischen den Einschnitten, sodass du rundherum eine gleichmäßige, grabenartige Vertiefung erhältst.

4. Hebe die Marmelade und die Beeren unter die geschlagene Sahne, verteile diese gleichmäßig in der Vertiefung im Kuchen und streiche die Oberfläche glatt.

5. Bereite den Pudding mit dem Puddingpulver, den 500 ml Milch und den 40 g Zucker zu und lass ihn etwas abkühlen. Gieße den noch flüssigen Pudding auf die Beerensahne und stelle den Kuchen anschließend kalt.

6. Um den Kuchen zu einem besonderen Blickfang zu machen, garnierst du den Kuchen zuletzt mit frischen Beeren und Minzblättchen.

Apfelkuchen mit Puddingcreme

Dafür brauchst du

Äpfel

5 rote Äpfel
Saft einer Zitrone
1 EL Zucker
1 EL Zimt

Mürbeteig

130 g Mehl
125 g Butter
1 Ei
1 EL Zucker
1 EL Wasser
1 Prise Salz
Mehl für die Arbeitsfläche

Puddingcreme

300 ml Milch
100 g Schlagsahne
4 Eigelb
3 EL Zucker
2 EL Stärke
50 g Butter
1 EL Vanillearoma

Außerdem

trockene Hülsenfrüchte

So lange brauchst du

Zubereitung:
ca. 30 Min
+30 Min kalt stellen
Ober-/Unterhitze:
170 °C - 20 Min
Umluft:
170 °C - 20 Min

Quicheform:
ca. 30 cm

▶ **Hier geht´s zum Video:** www.leckerschmecker.me/apfelkuchen-mit-pudding/

1. Verknete zur Herstellung des Mürbeteigs alle Zutaten per Hand zu einem Teig und forme aus diesem eine Kugel. Packe diese entweder direkt in Frischhaltefolie ein oder decke die Schüssel mit der Folie ab. Stelle den Teig anschließend 30 Minuten kalt.

2. Wasche unterdessen die Äpfel und schneide sie in schmale Spalten. Gib diese in eine Schüssel und vermische die Schnitze gründlich mit Zucker, Zimt und Zitronensaft.

3. Bemehle deine Arbeitsfläche und rolle den Teig darauf rund aus. Lege ihn in eine gefettete Quicheform. Schneide den überstehenden Rand ab, stich mit einer Gabel Löcher über den ganzen Boden und lege dann ein großes Blatt Backpapier darauf. Streue getrocknete Hülsenfrüchte (z.B. Bohnen) in die Form, bis sie komplett damit ausgefüllt ist. Sie sollen beim Backen das Backpapier beschweren. Backe den Teig für 20 Minuten bei 170 °C Ober- und Unterhitze.

4. Erhitze Milch, Sahne, Eigelb, Zucker und Stärke bei niedriger Temperatur unter ständigem Rühren in einem Topf. Wenn die Puddingcreme langsam andickt, nimm den Topf vom Herd und rühre noch Butter und Vanillearoma unter. Verteile die Creme gleichmäßig auf dem Mürbeteig und streiche sie glatt.

5. Platziere nun die Apfelscheiben aufrecht auf der Puddingcreme.

6. Backe den Kuchen noch einmal für 20 Minuten bei 170 °C Umluft.

Brasilianischer Karottenkuchen

Dafür brauchst du

Teig
5 Karotten
330 ml Pflanzenöl
5 Eier
360 g Mehl
300 g Zucker
1 ½ TL Backpulver

Pralinen
400 ml Kondensmilch
40 g Backkakao
30 g Butter

Kuvertüre
160 ml Milch
100 g Backkakao
100 g Butter
400 g Zucker
Schokostreusel zum Garnieren

So lange brauchst du

Zubereitung:
ca. 45 Min
+ 1 Std kalt stellen
Ober-/Unterhitze:
170 °C - 1 Std

Gugelhupfform

▶ Hier geht´s zum Video: www.leckerschmecker.me/karottenkuchen/

1. Schäle die Karotten und püriere sie zusammen mit dem Pflanzenöl und den Eiern in einem Mixer.

2. Fülle die Masse in eine Schüssel und verrühre sie mit dem Mehl, dem Zucker und dem Backpulver zu einem glatten Teig. Dieser Teig kommt in eine Gugelhupfform.

3. Für die Pralinen werden die Zutaten unter ständigem Rühren in einer Pfanne zum Schmelzen gebracht. Sobald die Pralinenmasse schön gleichmäßig ist, stellst du sie für 1 Stunde in den Kühlschrank.

4. Nun formst du aus der Pralinenmasse Kugeln, wälzt sie in etwas Mehl und lässt sie im Teig versinken. Anschließend kommt die Gugelhupfform für 1 Stunde bei 170 °C in den Ofen. Lass den Kuchen auf einen Teller gestürzt etwas auskühlen.

5. Für die Kuvertüre werden Milch, Kakao, Butter und Zucker in einem Topf geschmolzen. Anders als sonst üblich, kommt die Kuvertüre aber nicht nur als dünner Mantel um den Kuchen herum, sondern wird so lange in die Mitte des Gugelhupfs gefüllt, bis sie an den Seiten überläuft. Zum Schluss garnierst du dein Prachtstück noch mit Schokostreuseln.

Maracuja-Kokos-Küchlein

Dafür brauchst du

Maracujaschicht
20 g Zucker
150 ml Passionsfruchtsaft
2 Maracujas
2 Blatt Gelatine
50 g Mango

Himbeerschicht
5 EL Orangensaft
120 g Himbeermarmelade
500 g Himbeeren
1 EL Vanillearoma
5 Blatt Gelatine

Keksboden
75 g Butterkekse
25 g Kokosraspel
50 g Butter

Kokosmousse
400 ml Kokosmilch
60 g Zucker
6 Blatt Gelatine
250 g Schlagsahne

Tortenguss
500 ml Wasser
75 g Zucker
7 Blatt Gelatine

So lange brauchst du

Zubereitung:
ca. 1 Std
+ 2 x 5 Std gefrieren
+ über Nacht gefrieren

4 Springformen:
18 cm, 2 x 15 cm, 12 cm

▶ Hier geht´s zum Video: www.leckerschmecker.me/maracuja-kokos-kuechlein/

1. Schmilz für die Maracujaschicht den Zucker im Topf und lösche ihn mit dem Passionsfruchtsaft ab. Gib das Fruchtfleisch der Maracujas hinzu und koche alles kurz auf, bevor du die eingeweichte Gelatine einrührst. Lass die Mischung abkühlen, bis sie lauwarm ist, und mische die in kleine Würfel geschnittene Mango darunter. Fülle die Masse in die kleinste Springform und stelle sie für 5 Stunden ins Gefrierfach.

2. Gib für die Himbeerschicht den Orangensaft, die Marmelade, die Himbeeren und das Vanillearoma in einen Mixer und püriere alles gut durch. Koche dann die Mischung in einem Topf auf, bevor du die eingeweichte Gelatine unterrührst. Passiere alles durch ein feines Sieb und lass die Mischung abkühlen.

3. Nimm die fest gewordene Maracujamischung aus dem Gefrierfach und lege sie in eine der mittleren Formen. Schütte nun die Himbeermasse darüber und stelle das Ganze zurück ins Gefrierfach.

4. Zerdrücke die Butterkekse zu feinen Krümeln und vermenge sie mit den Kokosraspeln und geschmolzener Butter. Fülle die Masse in die zweite mittlere Form und stelle sie in den Kühlschrank.

5. Erwärme die Kokosmilch mit dem Zucker in einem Topf und rühre eingeweichte Gelatine unter. Lass die Mischung abkühlen, bevor du geschlagene Sahne unterhebst. Jetzt kommt alles zusammen: Lege die fest gewordene Passionsfrucht-Himbeer-Scheibe in die größte Springform und schütte vorsichtig die Kokosmousse darüber.

6. Nimm dann den Keksboden aus dem Kühlschrank und drücke ihn in die Kokosmousse. Stelle alles über Nacht ins Gefrierfach.

7. Für den klaren Tortenguss gibst du der Zucker in erwärmtes Wasser, fügst eingeweichte Gelatine hinzu und lässt die Flüssigkeit auf 25 °C abkühlen, bevor du sie über das fertige Küchlein gießt.

Regenbogen-Käsekuchen

Dafür brauchst du

150 g Butterkekse
120 g Butter
80 g bunte Zuckerstreusel
675 g Frischkäse
590 g Kondensmilch
4 EL Zucker
1 EL Vanillearoma
10 Blatt Gelatine
350 g Schlagsahne
Lebensmittelfarben in Lila, Blau, Grün, Gelb und Rot

Dekoration

Marshmallows
100 g weiße Schokolade

So lange brauchst du

Zubereitung:
ca. 45 Min
+ insgesamt 3 ½ Std kalt stellen

Springform:
23 cm

▶ Hier geht´s zum Video: www.leckerschmecker.me/regenbogen-kaesekuchen/

1. Fülle die Butterkekse in einen Gefrierbeutel und zerstoße sie zu Krümeln. Mische diese mit Zuckerstreuseln und geschmolzener Butter. Fülle die Masse in eine Springform und presse den Boden mit der Rückseite eines Löffels gleichmäßig fest. Stelle die Form 30 Minuten kalt.

2. Rühre Frischkäse, Kondensmilch, Zucker und Vanillearoma zu einer Creme. Gib die bereits eingeweichte Gelatine in die erwärmte Sahne und löse die Blätter unter Rühren auf. Rühre die flüssige Sahne unter die übrige Creme.

3. Teile diese Creme auf fünf Portionen unterschiedlicher Menge auf. Beginne mit der kleinsten Portion – diese wird später den Regenbogenmittelpunkt bilden – und ende mit der größten. Färbe die Portionen lila, blau, grün, gelb und rot ein.

4. Gib die rote Creme auf den Keksboden in der Springform. Gieße die gelbe Creme in die noch flüssige rote. Schütte sie in einem dünnen Strahl genau in die Mitte des Kuchens. Fahre mit der grünen, blauen und lila Creme genauso fort. Dann kommt der Kuchen für rund 3 Stunden in den Kühlschrank.

5. Ist die Käse-Sahne-Creme vollständig fest geworden, löse den Kuchen aus der Form und halbiere ihn genau mittig. Schneide einen kleinen Halbkreis aus der Mitte beider Hälften. Schmilz dann die weiße Schokolade in einem Wasserbad, tauche die Marshmallows leicht hinein und platziere sie an die beiden Enden des Regenbogens. Nutzt du Marshmallows verschiedener Größe, sehen die „Wolken“ realistischer aus. Verfahre auch mit der zweiten Kuchenhälfte so.

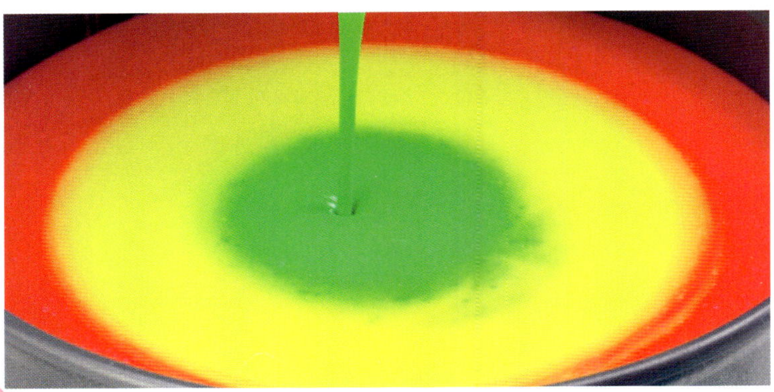

Banana-Split-Kuchen

Dafür brauchst du

Keksboden

200 g Butterkekse
120 g Butter

Bananencreme

3 Bananen
230 g Frischkäse
360 g Puderzucker
60 g Butter
1 TL Vanillearoma

Außerdem

300 g Schlagsahne
16 Cocktailkirschen
50 g Walnüsse
100 g Schokolade

So lange brauchst du

Zubereitung:
ca. 30 Min
+ 2 Std kalt stellen

Auflaufform
ca. 20 x 20 cm

▶ **Hier geht´s zum Video:** www.leckerschmecker.me/banana-split-kuchen/

1. Zerbrösele die Butterkekse und vermenge sie mit geschmolzener Butter. Gib die Masse in eine quadratische Auflaufform und drücke sie mit einem Esslöffel fest. Ehe es weitergeht, stelle die Form für 2 Stunden kalt.

2. Schäle die Bananen und halbiere sie der Länge nach. Die Hälften schneidest du in kleine Stücke.

3. Gib Frischkäse, Puderzucker, Butter und Vanillearoma in eine große Schüssel und schlage die Zutaten zu einer glatten Creme. Dann hebst du die Bananenstücke unter.

4. Verstreiche die Creme mit den Bananenstücken auf dem Keksboden. Die nächste Schicht bildet steif geschlagene Sahne. Hacke die Walnüsse klein. Verziere den Kuchen mit Cocktailkirschen und den Walnüssen und gib im Wasserbad geschmolzene Schokolade in Streifen darauf.

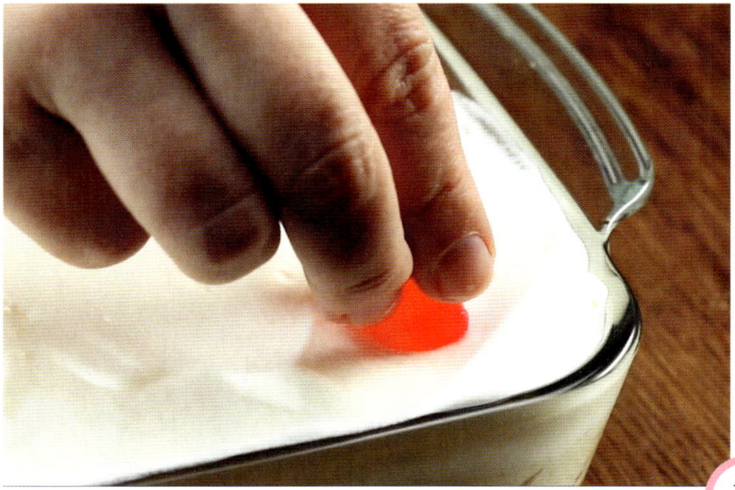

Zitronen-Baiser-Kuchen

Dafür brauchst du

Teig

225 g Mehl
140 g Butter
1 Eigelb

Zitronencreme

310 ml Wasser
125 ml Zitronensaft
210 g braunen Zucker
75 g Maisstärke
60 g Butter
3 Eigelb
Abrieb einer Zitrone

Baisermasse

4 Eiweiß
100 g Zucker

So lange brauchst du

Zubereitung:
ca. 30 Min
Umluft:
200 °C - 10 Min
190 °C - 5 Min

Quicheform:
23 cm

▶ Hier geht´s zum Video: www.leckerschmecker.me/zitronen-baiser-kuchen/

1. Verknete Mehl, Butter und das Eigelb zu einem Teig und bedecke damit vollständig den Boden einer Quicheform. Backe den Teig für 10 Minuten bei 200 °C.

2. Bringe Wasser, Zitronensaft, Maisstärke und braunen Zucker zusammen zum Kochen, bis die Zutaten eine glatte Masse bilden. Rühre dabei gelegentlich um und lass alles anschließend leicht abkühlen. Danach rührst du Butter und Eigelb unter und fügst zuletzt den Zitronenabrieb hinzu.

3. Um die Baisermasse zuzubereiten, schlage das Eiweiß steif und füge unter stetigem Rühren portionsweise den Zucker hinzu. Sieht die Masse seidig glänzend aus, ist sie fertig.

4. Nun verteilst du die Zitronenfüllung in einer gleichmäßigen Schicht auf dem abgekühlten Kuchenboden. Verteile die Baisermasse als letzte Schicht darauf und streiche sie glatt. Um einen dekorativen Effekt zu erzielen, lege einen Esslöffel mit der Unterseite flach auf die Baisermasse und ziehe ihn rundherum mehrmals nach oben weg. Dabei ziehst du Spitzen.

5. Zu guter Letzt backst du den Kuchen ein weiteres Mal, und zwar für 5 Minuten bei 190 °C.

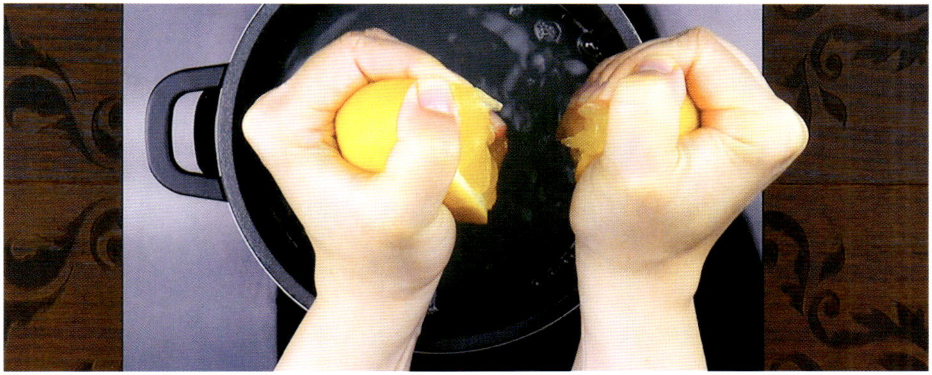

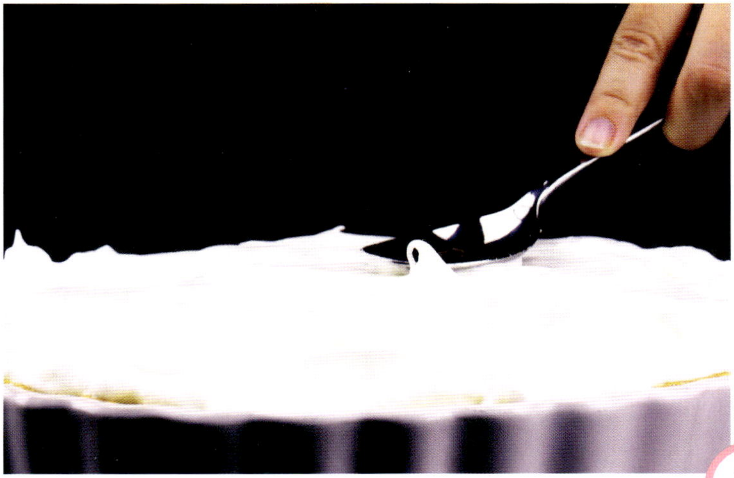

Erdbeer-Käsekuchen-Rolle

Dafür brauchst du

Tupfenteig

1 Eiweiß
30 g Puderzucker
40 g Mehl
20 g Butter
pinke Lebensmittelfarbe

Biskuitteig

100 g Zucker
2 Eier
125 g Mehl
1 TL Vanillearoma
½ TL Backpulver
1 Prise Salz

Füllung

225 g Frischkäse
30 g Puderzucker
1 TL Vanillearoma
100 g Erdbeeren

So lange brauchst du

Zubereitung:
ca. 40 Min
+ insgesamt 70 Min kalt stellen
Umluft:
180 °C - 10 Min

▶ Hier geht´s zum Video: www.leckerschmecker.me/erdbeer-kaesekuchenrolle/

1. Verrühre Eiweiß, Puderzucker und Mehl und gib anschließend die Butter hinzu. Gib beim Rühren einen Tropfen Lebensmittelfarbe hinzu und bei Bedarf ein wenig mehr, um die Farbe zu intensivieren.

2. Fülle den Teig in einen Spritzbeutel um und setze unterschiedlich große Teigtupfen kreuz und quer auf ein mit Backpapier ausgelegtes Blech. Stelle das Blech dann für 10 Minuten kalt.

3. Währenddessen bereitest du den Biskuitteig zu, indem du Eier und Zucker mit einem Rührgerät schaumig aufschlägst. Gib danach alle übrigen Zutaten dazu und hebe sie mit einem Teigschaber vorsichtig unter die Eimasse.

4. Gieße den Teig möglichst gleichmäßig auf die Teigtupfen und fülle Fehlstellen vorsichtig mit einem Teigschaber auf. Nun backst du den Teig für 10 Minuten bei 180 °C.

5. Stürze den Teig nach dem Backen sofort mit der gepunkteten Seite nach unten auf ein angefeuchtetes Küchenhandtuch und rolle ihn mitsamt dem Tuch als Zwischenlage ein. Lass die Rolle vollständig auskühlen, erst dann kannst du den Kuchen wieder flach ausrollen. So stellst du sicher, dass der Teig beim Rollen nach dem Füllen nicht bricht.

6. Rühre aus Frischkäse, Puderzucker und Vanillearoma eine Creme an und verstreiche diese gleichmäßig auf dem Biskuit. Schneide die Erdbeeren in dünne Scheiben und lege sie auf die Frischkäsecreme. Schließlich rollst du den Biskuit wieder zusammen. Stelle die Biskuitrolle vor dem Servieren für 1 Stunde kalt.

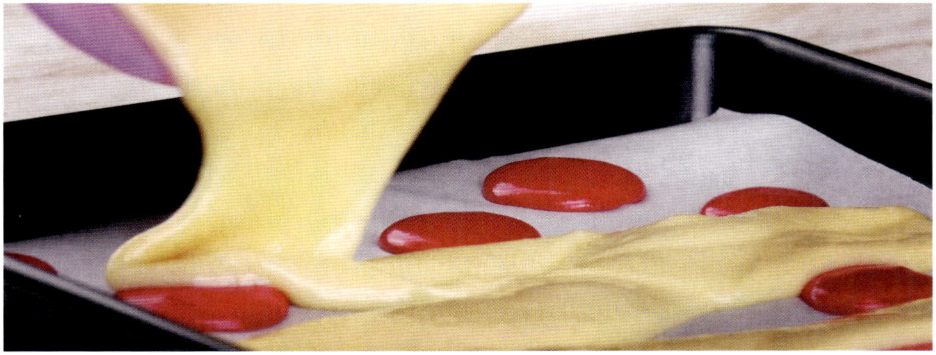

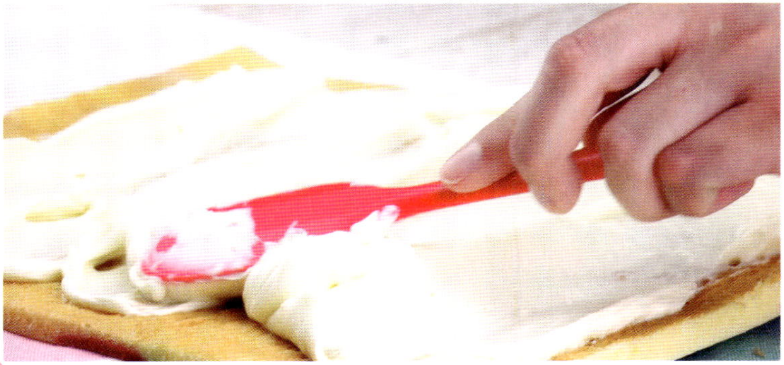

Holland Style Pie

Dafür brauchst du

Creme

18 g Gelatinepulver
60 ml Wasser
400 g Schlagsahne
1 Dose gezuckerte Kondensmilch
200 g weiche Butter

Ganache

100 g Schlagsahne
100 g Zartbitterschokolade
75 g Milchschokolade
2 EL Pflanzenöl

Außerdem

24 Schokokekse

So lange brauchst du

Zubereitung:
ca. 30 Min
+ insgesamt ca. 1 ½ Std kalt stellen

Quicheform:
25 cm

▶ Hier geht´s zum Video: www.leckerschmecker.me/holland-style-pie/

1. Für die Creme rührst du das Gelatinepulver mit Wasser zu einem Brei an und erwärmst diesen mit 300 ml der Sahne sowie der Kondensmilch in einem Topf, bis sich die Gelatine aufgelöst hat. Anschließend stellst du den Topf für 1 Stunde kalt.

2. Lege Boden und Rand einer Quicheform mit Schokokeksen aus.

3. Schlage in einer separaten Schüssel die restlichen 100 g Sahne mit der weichen Butter schaumig und hebe die kalt gestellte Creme unter. Die so entstandene Masse gibst du auf den Keksboden.

4. Lass jetzt unter ständigem Rühren die Zutaten für die Ganache im Wasserbad schmelzen und verteile sie gleichmäßig auf der Creme. Stelle dein Werk abschließend für 30 Minuten kalt.

Maulwurfkuchen

Dafür brauchst du

Teig

200 g Butter
250 g Zucker
4 Eier
300 g Mehl
2 TL Backpulver
60 g Backkakao

Füllung

3 Bananen
400 g Sahne
90 g Schokoraspel
1 TL Vanillearoma

So lange brauchst du

Zubereitung:
ca. 40 Min
Umluft:
180 °C - 50 Min

Springform:
23 cm

▶ Hier geht´s zum Video: www.leckerschmecker.me/maulwurf-kuchen/

1. Für den Boden gibst du Butter, Zucker, Eier, Mehl, Backpulver und Kakao in eine Schüssel und verrührst alles zu einem glatten Teig. Gib diesen in eine Springform und backe ihn für 50 Minuten bei 180 °C.

2. Sobald der Boden vollständig ausgekünlt ist, höhle ihn mit einem Esslöffel aus und lege die Bananen nebeneinander in die Kuhle. Den entfernten Teig stellst du beiseite.

3. Schlage die Sahne steif und mische sie mit Schokoraspeln sowie Vanillearoma. Die Sahne gibst du auf die Bananen.

4. Nun folgt der finale und wichtigste Schritt: Zerbrösele die ausgehöhlte Kuchenmasse und gib sie als Krümel wieder auf den Kuchen.

Spritzkuchen-Ring

Dafür brauchst du

Brandteig
450 ml Wasser
125 g Butter
1 Prise Salz
250 g Mehl
4 Eier

Füllung
50 g Zucker
6 Eigelb
500 ml Milch
40 g Speisestärke

Außerdem
5 große Erdbeeren
Puderzucker

So lange brauchst du

Zubereitung:
ca. 45 Min
Ober-/Unterhitze:
200 °C - 45 Min

Springform:
23 cm
hitzebeständiges Glas

▶ Hier geht´s zum Video: www.leckerschmecker.me/spritzkuchen-ring/

1. Koche das Wasser mit Butter und Salz auf. Füge nun das Mehl hinzu und arbeite es mit einem Holzlöffel unter, bis ein Teig entstanden ist.

2. Fülle den abgekühlten Teig in eine Schüssel um und arbeite die Eier unter. Es mag etwas dauern und Kraft kosten, doch unter stetigem Rühren entsteht ein gleichmäßiger, fester Teig.

3. Fülle diesen in einen Spritzbeutel mit runder Tülle um. Drücke nun fünf Ringe nebeneinander um den Rand einer Springform. Die Mitte wird dabei ausgespart. Das Ergebnis sieht in etwa aus wie ein riesiger Donut. Da der Teig recht fest ist, musst du mit viel Kraft drücken. Nun gib vier weitere Teigringe darauf, dann drei, zwei und einen. Stelle ein Glas in die Aussparung und backe den Teig für 45 Minuten bei 200 °C. Das Glas verhindert, dass der aufgehende Teig in der Mitte zusammenläuft. Lasse den Spritzkuchen nach dem Backen auskühlen.

4. Schlage das Eigelb und den Zucker cremig. Gib die Speisestärke zur Masse. Koche die Milch auf und gib sie zur cremigen Masse. Fülle das Gemisch in den Topf zurück und koche alles 1 Minute auf, bis die Zutaten eindicken. Fülle die abgekühlte Masse in einen Spritzbeutel mit runder Tülle.

5. Halbiere den Spritzkuchen horizontal. Spritze die Creme rundherum auf die untere Ringhälfte. Schneide die Erdbeeren in Scheiben und lege sie auf die Creme. Nun setzt du die Oberseite wieder auf und bestreust sie mit Puderzucker.

Butterkeks-Torte

Dafür brauchst du

Kaffeecreme
600 g Frischkäse
200 g Schlagsahne
3 EL Nougatcreme
2 EL Honig
2 EL Kaffee

Außerdem
600 g Butterkekse
150 g Erdbeeren
Nougatcreme zum Bestreichen
1 große Tasse kalten
Milchkaffee

Garnierung
Backkakao
Puderzucker
Beeren

So lange brauchst du

Zubereitung:
ca. 40 Min
+ insgesamt 2 ½ Std kalt stellen

Springform:
22 cm

▶ Hier geht´s zum Video: www.leckerschmecker.me/butterkeks-torte/

1. Verrühre Frischkäse, Sahne, Nougatcreme, Honig und Kaffee zu einer gleichmäßigen, hellen Tortencreme und stelle diese rund 30 Minuten kalt. In der Zwischenzeit schreidest du die Erdbeeren in Scheiben.

2. Bestreiche einen Butterkeks mit einem Teil der Extra-Nougatcreme, lege eine Erdbeerscheibe darauf und verteile 1 EL Tortencreme darüber. Das Ganze deckst du nun mit einem weiteren Butterkeks ab, sodass du ein „Keks-Sandwich" erhältst.

3. Tauche dieses „Keks-Sandwich" kurz in kalten Milchkaffee und stelle es hochkant in eine Springform. Mache nun so viele in Milchkaffee getauchte „Keks-Sandwiches", dass sie die Springform dicht an dicht füllen.

4. Mit der restlichen Tortencreme füllst du die verbliebenen Lücken zwischen den Keksen auf. Die Oberseite der Butterkeks-Torte wird ebenfalls mit einer Schicht Tortencreme bedeckt. Stelle die Torte für mindestens 2 Stunden, am besten aber über Nacht, kalt.

5. Vor dem Servieren bestäubst du die Butterkeks-Torte mit einer dünnen Schicht Kakao und Puderzucker. In der Zwischenzeit schneidest du die Erdbeeren in Scheiben.

„M&M´s"-Überraschungskuchen

Dafür brauchst du

Teig
250 g weiche Butter
250 g Mehl
250 g Zucker
4 Eier
1 TL Backpulver
1 TL Vanillearoma
1 Prise Salz
rote Lebensmittelfarbe

Frischkäseglasur
90 g weiche Butter
350 g Frischkäse
220 g Puderzucker

Füllung und Dekoration
ca. 800 g Schokolinsen

So lange brauchst du

Zubereitung:
ca. 1 Std
Umluft:
160 °C - 35 Min

---

2 Springformen:
20 cm
leere Dose

▶ Hier geht´s zum Video: www.leckerschmecker.me/ueberraschungskuchen/

1. Gib für den Teig alle Zutaten, außer der Lebensmittelfarbe, in eine Schüssel, verrühre sie und halbiere dann die Teigmasse. Färbe eine der Hälften mit der Lebensmittelfarbe ein. Bevor du beide Teighälften in separate Springformen füllst, setzt du einen Metallring oder eine leere Konservendose ohne Etikett mittig in eine der Springformen. In diese Form kommt – um den Ring herum – der ungefärbte Teig. Fülle nun den roten Teig in die andere Form und stelle beide für ca. 35 Minuten bei 160 °C in den Backofen.

2. Lass die Kuchen erkalten und entferne die Backformen. Halbiere den roten Teig waagerecht.

3. Schlage jetzt die Butter mit dem Frischkäse auf und gib zum Schluss den Puderzucker dazu. Anschließend bestreichst du die untere Hälfte des roten Teiges rundherum mit der Frischkäsecreme. Die Mitte sparst du dabei aus. Danach platzierst du den weißen Teigring darauf und füllst die Hälfte der Schokolinsen in das Loch in der Mitte. Bestreiche nun auch die Oberseite des weißen Teiges mit der Creme. Um den Teigplattenturm zu vollenden, setze die zweite rote Teigplatte obenauf.

4. Mit der restlichen Creme bestreichst du den ganzen Kuchen gleichmäßig. Es ist wichtig, dass die Creme über die ganze Oberfläche verteilt wird, da sie im nächsten Schritt auch zur Fixierung der Schokolinsen dient.

5. Die zweite Portion Schokolinsen bildet den letzten Schliff für dieses Rezept. Ordne sie in einem Muster deiner Wahl oben und seitlich am Kuchen an. Auf der Oberseite kannst du sie z.B. in einem Kreis und nach Farben geordnet auf die Creme setzen.

„kinder-Riegel“-Mousse-Tarte

Dafür brauchst du

Teig
370 g Mehl
250 g weiche Butter
120 g Zucker
2 Eigelb (Raumtemperatur)
1 Prise Salz

Schokoladenfüllung
100 g Puderzucker
60 g weiche Butter
4 Eier
350 g Zartbitterschokolade
40 g Mehl

Außerdem
20 Riegel
„kinder Schokolade“

So lange brauchst du

Zubereitung:
ca. 35 Min
+ 1 Std kalt stellen
Umluft:
170 °C - 45 Min

kleine Backform

▶ Hier geht´s zum Video: www.leckerschmecker.me/kinder-mousse-tarte/

1. Vermenge für den Teig zunächst Mehl, Butter, Zucker, Eigelb und Salz mit den Knethaken eines Handrührgeräts. Knete die Zutaten dann mit den Händen weiter, bis du einen glatten Teig erhältst. Forme diesen zu einer Kugel und stelle ihn 1 Stunde kalt.

2. Schlage für die Schokoladenfüllung den Puderzucker mit der Butter cremig und füge nach und nach die Eier hinzu. Schmilz die Zartbitterschokolade im Wasserbad und gieße sie dazu. Achte aber darauf, dass sie nicht zu heiß ist. Siebe dann das Mehl dazu und verrühre alles, bis eine dunkle Creme entsteht.

3. Kleide Boden und Wände einer hitzebeständigen Form vollständig mit etwa drei Vierteln des Teigs aus. Fülle die Creme in die Form und streiche sie glatt. Walze den übrigen Teig mit einem Nudelholz aus und lege ihn mittig obenauf. Schneide ihn entlang des Rands der Form ab, damit nichts mehr übersteht. Das Ganze wird für 45 Minuten bei 170 °C gebacken. Stürze die Tarte auf deine Arbeitsfläche, während sie noch warm ist.

4. Schneide jetzt die Schokoriegel längs in drei Streifen und belege die Tarte in dichten Reihen damit.

5. Das Ganze kommt noch einmal kurz in den restwarmen Ofen, damit die Riegelreihen schmelzen.

Vanille-Schoko-Pudding-Torte

Dafür brauchst du

Nussboden
120 g Pekannüsse
115 g Butter
3 EL Zucker
130 g Mehl

Sahnecreme
200 g Schlagsahne
225 g Frischkäse
130 g Puderzucker

Vanillepudding
1 Pck. Vanillepuddingpulver
400 ml Milch
20 g Zucker

Schokoladenpudding
1 Pck. Schokopuddingpulver
400 ml Milch
20 g Zucker

Außerdem
400 g Schlagsahne
Zartbitterkuvertüre

So lange brauchst du

Zubereitung:
ca. 45 Min
+ 1 Std kalt stellen
Umluft:
175 °C - 20 Min

Auflaufform:
ca. 23 x 33 cm

▶ Hier geht´s zum Video: www.leckerschmecker.me/vanille-schoko-pudding-torte/

1. Hacke die Pekannüsse ganz fein. Schmilz die Butter, mische sie mit den Nüssen, dem Zucker und dem Mehl und rühre alles zu einer nussigen Paste.

2. Streiche die Nussmasse in der Auflaufform glatt und drücke sie fest. Backe sie für etwa 20 Minuten bei 175 °C und lass die Schicht abkühlen.

3. Schlage die Sahne, den Frischkäse und den Puderzucker zusammen schaumig. Verteile diese Sahnecreme auf der gebackenen Nussschicht, streiche sie glatt und stelle sie kalt.

4. Erwärme für die Herstellung des Vanillepuddings 400 ml Milch und 20 g Zucker in einem Topf. Rühre etwa 3 EL kalte Milch mit dem Vanillepuddingpulver glatt und rühre dies anschließend unter die warme, gezuckerte Milch. Stelle den Schokoladenpudding auf dieselbe Weise her. Verteile dann den Vanillepudding und anschließend den Schokoladenpudding in separaten, gleichmäßigen Schichten auf der glattgestrichenen Sahnecreme.

5. Schlage die restliche Sahne steif und verstreiche auch diese auf dem Schokopudding zu einer schönen, glatten Fläche.

6. Raspele Schokokuvertüre fein über die Sahne und stelle die Torte bis zum Anschneiden kühl.

Zebra-Himbeerkuchen

Dafür brauchst du

Boden

300 g Schoko-Cookies
80 g Butter

Quarkfüllung

750 g Quark
125 g weiche Butter
250 g Zucker
5 Eier
4 EL Speisestärke
250 g Tiefkühl-Himbeeren

So lange brauchst du

Zubereitung:
ca. 45 Min
+ 30 Min kalt stellen
+ 2 Std auskühlen
Umluft:
140 °C - 1 Std

Springform:
23 cm

▶ **Hier geht´s zum Video:** www.leckerschmecker.me/zebra-himbeerkuchen/

1. Zerbrösele die Cookies, um den Kucherboden herzustellen. Schmilz die Butter, mische sie mit den Bröseln und drücke die Masse auf dem Boden einer Springform fest. Stelle diese dann 30 Minuten kalt.

2. Gib in der Zwischenzeit Quark, Butter, Eier, 2 EL Speisestärke und Zucker in eine große Schüssel und verrühre alles zu einer Creme.

3. Teile die Creme in zwei gleich große Portionen. Passiere die aufgetauten Himbeeren durch ein Sieb in eine der Creme-Portionen. Füge 2 EL Speisestärke hinzu und rühre die Creme um.

4. Für die Zebra-Optik schöpfe abwechselnd je eine Kelle Quarkcreme mit und ohne Himbeeren auf die Mitte des Keksbodens. So entsteht Kelle für Kelle ein aufregendes Muster. Backe den Kuchen für 1 Stunde bei 140 °C und lasse ihn für 2 Stunden auskühlen.

„Snickers"-Torte

Dafür brauchst du

Teig

3 Eier
1 Prise Salz
75 g Zucker
40 g Mehl
60 g Speisestärke
30 g Backkakao
½ Pck. Backpulver

Erdnusskaramell

200 g Zucker
200 g Schlagsahne
200 g gesalzene Erdnüsse

Erdnusscreme

500 g Mascarpone
250 g Erdnussbutter
1 EL Puderzucker
1 EL Stärke
200 g Zucker
1 „Snickers"

Garnierung

100 g Vollmilchkuvertüre
50 g Erdnussbutter
2 „Snickers"

So lange brauchst du

Zubereitung:
ca. 45 Min
+ 1 Std kalt stellen
Umluft:
170 °C - 30 Min

Springform:
18 cm

▶ Hier geht´s zum Video: www.leckerschmecker.me/snickers-torte/

1. Schlage für den Teig Eier mit einer Prise Salz und dem Zucker schaumig. Vermische separat Mehl, Speisestärke, Kakao, und Backpulver und hebe diese Mischung dann unter die Eimasse. Gib alles in eine Springform und backe den Biskuit für 30 Minuten bei 170 °C.

2. Karamellisiere in dieser Zeit den Zucker in einem Topf goldbraun und lösche ihn mit der auf lauwarme Temperatur gebrachten Sahne ab. Verrühre beide Zutaten so lange miteinander, bis sie sich verbunden haben. Rühre nun die Erdnüsse unter und lass alles etwas abkühlen.

3. Nimm den Biskuit aus dem Ofen, schneide ihn waagerecht in zwei Hälften und spanne den Boden in eine Springform. Verteile anschließend das Erdnusskaramell auf dem Tortenboden in der Form.

4. Für die Erdnusscreme gibst du die Mascarpone mit der Erdnussbutter in eine große Schüssel. Siebe dann den Puderzucker und die Stärke hinein und gib anschließend den Zucker hinzu. Reibe danach mit einer Käsereibe ein Snickers hinein.

5. Verteile die Erdnusscreme nun auf dem Erdnusskaramell, setze den Biskuitdeckel darauf und stelle den Kuchen 1 Stunde lang kalt. Löse den Kuchen dann aus der Form.

6. Bereite währenddessen die Glasur zu: Dafür schmilzt du die Kuvertüre und die Erdnussbutter und verrührst beide gut miteinander. Verteile die Glasur anschließend über die Torte und schneide dann die beiden verbliebenen Snickers klein. Einen Teil kannst du auch in kleine Stückchen bröseln. Nun musst du die Riegel nur noch dekorativ auf der Glasur verteilen und fertig ist das süße Kunstwerk.

Russischer Zupfkuchen

Dafür brauchst du

Teig

350 g Mehl
250 g weiche Butter
150 g Zucker
40 g Backkakao
2 Eier
2 TL Backpulver
1 Prise Salz

Belag

500 g Quark
200 g Butter
120 g Zucker
2 Eier
1 Pck. Vanillepuddingpulver
1 TL geriebene Zitronenschale

So lange brauchst du

Zubereitung:
ca. 30 Min
Umluft:
180 °C - 30 Min

▶ Hier geht´s zum Video: www.leckerschmecker.me/zupfkuchen/

1. Um den Teig zuzubereiten, gib all seine Zutaten in eine Schüssel und verknete sie von Hand oder mittels Knethaken zu einem Teig.

2. Teile den Teig – im Verhältnis 2:1 – in zwei Portionen. Mit der größeren Portion bedeckst du den Boden eines Backbleches.

3. Zur Zubereitung des Belages schmilz die Butter und vermenge sie mit all den anderen Zutaten zu einer Creme.

4. Gib die Creme auf den Kuchenboden und streiche sie glatt. Das noch übrige Teigdrittel verstreust du – in kleine Teile gezupft – über den gesamten Kuchen. Backe diesen anschließend für 30 Minuten bei 180 °C.

Donauwellen-Torte

Dafür brauchst du

Kuchenteig

4 Eier
225 g Zucker
1 Prise Salz
250 g Mehl
2 TL Backpulver
250 g weiche Butter
1 EL Backkakao
50 g Zartbitterschokolade
300 g Sauerkirschen

Tortencreme

22 g Vanillepuddingpulver
300 ml Milch
25 g Zucker
150 g weiche Butter

Außerdem

375 g Zartbitterschokolade
100 g Sahne

So lange brauchst du

Zubereitung:
ca. 45 Min
+ 2 Std kalt stellen
Umluft:
175 °C - 35 Min

2 Springformen:
18 cm
Gitter

▶ **Hier geht´s zum Video:** www.leckerschmecker.me/donauwellen-torte/

1. Gib zunächst die Eier, den Zucker und eine Prise Salz in eine Schüssel und schlage sie schaumig. Anschließend rührst du das Mehl und das Backpulver unter. Zum Schluss gibst du die weiche Butter zum Teig und verrührst das Ganze ein weiteres Mal zu einer cremigen Masse.

2. Teile den Teig auf zwei verschiedene Schüsseln auf. Rühre in einer der Schüsseln den Kakao und 50 g geschmolzene Schokolade ein.

3. Den hellen Teig teilst du nun noch einmal auf zwei runde Springformen auf und streichst ihn glatt. Danach teilst du den dunklen Teig ebenfalls auf die zwei Formen auf und verteilst ihn vorsichtig über der hellen Schicht.

4. Jetzt teilst du die Sauerkirschen gleichmäßig auf beide Formen auf und drückst sie sanft in die Teigmasse. Beide Backformen kommen bei 175 °C für 35 Minuten in den Ofen.

5. Währenddessen bereitest du die Tortencreme vor: Verrühre das Vanillepuddingpulver mit etwas Milch. Lass die restliche Milch mit dem Zucker aufkochen und rühre das Puddinggemisch unter die Milch. Decke den Pudding mit Klarsichtfolie ab und lass ihn auf Zimmertemperatur abkühlen. Schlage dann die Butter luftig und rühre den abgekühlten Pudding nach und nach unter. Die fertige Masse gibst du in einen großen Spritzbeutel.

6. Wenn die Tortenböden fertig sind, lässt du sie zunächst auskühlen. Nun holst du sie aus der Form heraus und schneidest vorsichtig einen Teil der oberen Tortenbodenschicht ab, um eine glatte Oberfläche zu bekommen. Anschließend legst du einen der beiden Tortenböden in die Backform zurück, auf dem du dann die Hä fte der Creme mit dem Spritzbeutel verteilst.

7. Schmilz 75 g Schokolade im Wasserbad, gib die Sahne hinzu und verteile die Schokocreme gleichmäßig über der Tortencreme. Streiche sie umgehend mit einem Löffel glatt. Wenn du damit fertig bist, stellst du die Backform in den Kühlschrank, bis die Schokoschicht einigermaßen ausgehärtet ist.

8. Anschließend kannst du den Rest der Tortencreme mit dem Spritzbeutel darauf verteilen und glattstreichen.

9. Nun legst du den anderen Tortenboden obenauf. Die fast fertige Torte kommt nun für 2 Stunden in den Kühlschrank.

10. Kommen wir zum krönenden Abschluss: der Glasur! Hole die Torte aus dem Kühlschrank und lege sie auf ein Gitter. Dieses solltest du zuvor auf ein Backblech gestellt haben, damit die ablaufende Schokolade aufgefangen wird. Schmilz nun 300 g Schokolade im Wasserbad. Lass sie einen Moment abkühlen, bis sie etwas zähflüssiger ist, und verteile sie gleichmäßig über der Torte.

Ziehharmonika-Kuchen

Dafür brauchst du

Teig

50 g Butter
50 g Zucker
150 ml Milch
500 g Mehl
1 Pck. Trockenhefe
2 Eier
½ TL Salz

Außerdem

200 g Nuss-Nougat-Creme
etwas Schokoladensoße
einige frische Beeren (z.B. Himbeeren, Blaubeeren)

So lange brauchst du

Zubereitung:
ca. 45 Min
+ 1 ½ Std gehen lassen
Umluft:
160 °C - 40 Min

Kastenform

▶ **Hier geht´s zum Video:** www.leckerschmecker.me/ziehharmonika-kuchen/

1. Schmilz die Butter in einem Topf, füge Zucker und Milch zu und erhitze das Ganze.

2. Vermenge Mehl, Trockenhefe, Eier unc Salz in einer großen Schüssel. Füge den Milch-Butter-Mix hinzu und knete die Masse zu einem gleichmäßigen Teig, den du abgedeckt 1 Stunde gehen lässt.

3. Rolle den Teig zu einem dünnen Rechteck aus und bestreiche ihn gleichmäßig mit Nuss-Nougat-Creme.

4. Schneide den Teig in Quadrate in Größe der Kastenform.

5. Die Teigquadrate stapelst du hochkant in die Kastenform und lässt den Teig 30 Minuten in der Form gehen. Den Kuchen backst du dann für 40 Minuten bei 160 °C. Abschließenc kannst du ihn noch mit Schokoladensoße und frischen Beeren garnieren.

Dutch Baby

Dafür brauchst du

Pfannkuchen

4 Eier
1 TL Vanillearoma
1 Prise Salz
130 g Mehl
240 ml Milch
25 g Butter

Garnierung

200 g Erdbeeren
ca. 100 g Erdbeermarmelade
Puderzucker

So lange brauchst du

Zubereitung:
ca. 25 Min
Ober-/Unterhitze:
210 °C - 20 Min
Gusseiserne Pfanne auf
180 °C vorheizen

▶ Hier geht´s zum Video: www.leckerschmecker.me/dutch-baby/

1. Heize den Ofen zunächst auf 180 °C vor und stelle eine gusseiserne Pfanne hinein.

2. Schlage die Eier in eine Schüssel und verrühre sie mit Vanillearoma und Salz. Gib dann das Mehl hinzu und verarbeite alles zu einem glatten Teig. Zuletzt rührst du die Milch nach und nach unter.

3. Nimm nun die heiße Pfanne aus dem Ofen und lass die Butter darin schmelzen. Die flüssige Butter sollte über den ganzen Pfannenboden verteilt sein. Gieße anschließend den Teig hinein und stelle die Pfanne zurück in den Ofen. Backe den Pfannkuchen für etwa 20 Minuten bei 210 °C. Er sollte goldbraun werden und gut aufgehen.

4. Hole nun den Pfannkuchen aus dem Ofen und verstreiche nach Belieben Erdbeermarmelade in der Mitte des Gebäcks. Setze darauf halbierte Erdbeeren. Für den letzten Schliff bestäubst du den Pfannkuchen noch mit ein wenig Puderzucker. Am besten schmeckt das Gebäck noch warm.

Eulenkuchen

Dafür brauchst du

Teig

6 große Eier
500 g Zucker
500 ml Buttermilch
1 TL Vanillearoma
580 g Mehl
100 g Backkakao
3 TL Backpulver
¾ TL Salz
1 ½ TL Natron
500 g weiche Butter

Buttercreme

345 g weiche Butter
80 g Puderzucker
45 g Backkakao
220 g Nuss-Nougat-Creme

Außerdem

2 „Oreo"-Kekse
2 braune Schokolinsen
1 Apfelspalte
Schokotröpfchen

So lange brauchst du

Zubereitung:
ca. 1 Std
Umluft:
170 °C - 45 Min

Springform:
16 cm
2 Halbkugeln:
18,5 cm

▶ Hier geht´s zum Video: www.leckerschmecker.me/eulenkuchen/

1. Schlage Eier und Zucker schaumig. Gib Buttermilch, Vanillearoma, Mehl, Backkakao, Backpulver, Salz und das Natron hinzu und verrühre alles zu einem Teig. Erst zum Schluss gibst du die Butter dazu und rührst den Teig ein letztes Mal durch.

2. Teile den Teig in drei gleich große Portionen. Zwei Portionen gibst du in je eine Halbkugel-Backform. Das letzte Teigdrittel füllst du in die Springform. Backe alles bei 170 °C für 45 Minuten.

3. Um die Buttercreme herzustellen, schlage die Butter auf und rühre Puderzucker ein. Nimm rund 4 EL von der Masse ab und stelle sie zur Seite. Den übrigen, größeren Teil der Buttercreme mischst du mit Backkakao und Nuss-Nougat-Creme.

4. Stürze die ausgekühlten Halbkugel-Kuchen aus ihren Formen und schneide eine etwa 2 cm dicke Scheibe von beiden ab, sodass die runden Unterseiten etwas abgeflacht sind. Wende die Halbkugeln und schneide Unebenheiten so weit ab, dass sich die Hälften bündig zu einer Kugel zusammensetzen lassen. Vorher bestreichst du die Schnittfläche jedoch großzügig mit Schoko-Buttercreme.

5. Bestreiche die Oberseite auf der zusammengesetzten Kugel ebenfalls mit Schoko-Buttercreme und setze den dritten Kuchenboden aus der Springform auf.

6. Teile die „Oreo"-Kekse auseinander und brich die beiden Kekshälften ohne Cremefüllung entzwei. Klappe die so entstandenen Stücke zu zwei halbkreisförmigen „Ohren" zusammen und stecke sie senkrecht in den obersten Kuchen. Bestreiche die Vorderseite der Kugel mit der weißen Buttercreme. So entsteht der Bauch der Eule. Mit der Schoko-Buttercreme bestreichst du nun vollständig den restlichen Kuchen, auch die Ohren werden eingehüllt.

7. Setze in ausreichendem Abstand zueinander kleine Schokotropfen in die weiße Buttercreme.

8. Schneide eine Spitze aus der Apfelspalte und drücke sie als Schnabel ins Eulengesicht. Als Augen platziere die übrigen zwei Oreo-Hälften samt Cremefüllung. Die Schokolinsen bilden die Pupillen.

Schoko-Zimt-Welle

Dafür brauchst du

250 g Mehl
50 g Zucker
1 Ei
1 Prise Salz
1 TL Vanillearoma
30 g Butter
100 ml Milch
½ Hefewürfel
6 EL Nuss-Nougat-Creme
2 TL Zimt
2 EL Crème fraîche

So lange brauchst du

Zubereitung:
ca. 45 Min
+ 1 Std gehen lassen
Umluft:
170 °C - 25 Min

Springform:
26 cm

▶ Hier geht´s zum Video: www.leckerschmecker.me/schoko-zimt-welle/

1. Gib Mehl, Zucker, Ei, Salz, Vanillearoma und Butter zusammen in eine große Schüssel. Erwärme die Milch ein wenig und rühre die Hefe ein, bis diese sich aufgelöst hat. Füge dies zu den übrigen Zutaten hinzu und verknete sie zu einem Teig.

2. Decke die Schüssel mit einem Geschirrtuch ab und lasse den Teig 1 Stunde ruhen.

3. Rolle den Teig aus, bestreiche ihn gleichmäßig mit Nuss-Nougat-Creme und streue noch Zimt obenauf.

4. Im nächsten Schritt schneidest du den Teig in gleich dicke Streifen. Rolle einen der Streifen zu einer Schnecke auf und setze diese in eine Springform. Vergrößere die Teigschnecke, indem du die übrigen Teigstreifen rundherum dazuwickelst. Jetzt backst du die Teigschnecke bei 170 °C für 25 Minuten. Nach dem Backen gibst du die Crème fraîche in einen Spritzbeutel und verteilst sie in dekorativen Streifen über dem ausgekühlten Gebäck.

Frankfurter Kranz

Dafür brauchst du

Teig

200 g weiche Butter
150 g Zucker
5 Eier
300 g Mehl
150 g Stärkemehl
15 g Backpulver
1 Prise Salz
125 ml Milch

Krokant

30 g Butter
180 g Zucker
300 g gehackte Mandeln

Füllung

1 Pck. Vanillepuddingpulver
450 ml Milch
100 g Zucker
400 g weiche Butter
300 g Preiselbeer-
marmelade

Dekoration

Schlagsahne
Preiselbeeren

So lange brauchst du

Zubereitung:
ca. 1 Std
+ 2 Std kalt stellen
Ober-/Unterhitze:
170 °C - 45 Min

Gugelhupfform

▶ Hier geht´s zum Video: www.leckerschmecker.me/frankfurter-kranz/

1. Rühre die weiche Butter mit dem Zucker in einer Schüssel schaumig. Gib unter ständigem Rühren die fünf Eier nach und nach einzeln hinzu. Siebe Mehl, Stärkemehl, Backpulver und Salz und rühre die Zutaten unter die Butter-Eischaum-Masse. Gib die kalte Milch hinzu und rühre so lange weiter, bis ein geschmeidiger, nicht zu fester Teig entstanden ist.

2. Streiche eine Gugelhupfform mit Fett aus und bestreue sie leicht mit Mehl. In diese Form füllst du den Teig, den du glattstreichst und 45 Minuten bei 170 °C backst.

3. In der Zwischenzeit schmilzt du für den Krokant 30 g Butter in einer Pfanne und gibst den Zucker hinzu. Erhitze diesen, bis er karamellisiert ist, dann gibst du die Mandeln in die Pfanne. Sind die Stücke vollständig von Zucker umschlossen und goldgelb karamellisiert, ist der Krokant fertig.

4. Mische das Vanillepuddingpulver mit 3 EL Milch. Koche die Milch mit dem Zucker auf, gib die Puddingmischung dazu und lass sie ebenfalls 1 Minute lang aufkochen. Gib anschließend die weiche Butter und den erkalteten Vanillepudding in eine große Rührschüssel und schlage beides durch.

5. Sobald der Kuchen gut ausgekühlt und aus der Form gelöst ist, schneide ihn in drei gleich große Ringe.

6. Fülle die Buttercreme in einen Spritzbeutel und gib sie in drei Ringen auf den unteren Kuchenring. In die Zwischenräume der Cremeringe gibst du mithilfe eines weiteren Spritzbeutels Preiselbeermarmelade. Lege den zweiten Kuchenring darauf und gib nach dem gleichen Schema Creme und Marmelade auf ihn, ehe du ihn mit dem letzten Ring bedeckst.

7. Sobald die Kuchenschichten wieder vereint sind, verteilst du die übrige Creme in einer gleichmäßigen Schicht um den Kuchen. Verteile den Krokant auf der Creme und dekoriere den Kranz zum Schluss mit einigen Sahnespitzen, auf die du jeweils eine Preiselbeere setzt.

Mousse-au-Chocolat-Kuchen

Dafür brauchst du

Teig

170 g Mehl
150 g Zucker
150 g kalte Butter
1 Ei
1 EL Backkakao
1 TL Vanillearoma
1 Prise Salz

Füllung

250 ml Milch
200 g Zartbitterschokolade
130 g Schlagsahne
20 g Zucker
20 g Vanillepuddingpulver

So lange brauchst du

Zubereitung:
ca. 40 Min
+ 1 Std kalt stellen

Umluft:
170 °C - 40 Min

Springform:
18 cm

▶ Hier geht´s zum Video: www.leckerschmecker.me/mousse-au-chocolat-kuchen/

1. Fülle alle Zutaten für den Teig in eine Schüssel und verknete sie miteinander. Bevor du weiterarbeitest, stelle den Teig 1 Stunde kalt.

2. Gib Zucker und Milch in einen Topf. Schöpfe einige Löffel Milch ab und rühre damit das Puddingpulver an, ehe du es zur übrigen Milch hinzugibst. Unter Rühren kochst du diese auf, bis die Masse eindickt. Erhitze Schokolade im Wasserbad, rühre sie mit warmer Sahne glatt und mische sie unter den Pudding. Lass die Masse abkühlen.

3. Nimm vom Teig etwa ein Viertel ab und stell es beiseite. Den verbliebenen Teig drückst du auf den Boden einer Springform und etwa 2 cm die Ränder hoch. Stich den Boden gleichmäßig mit einer Gabel ein, um eine spätere Blasenbildung beim Backen zu vermeiden. Gieße die Schokopudding-Mousse darauf.

4. Rolle das beiseitegelegte Teigviertel rund aus und schneide es in acht Streifen gleicher Breite. Lege nun die Teigstreifen gitterförmig auf die Mousse. Mit den Zinken einer Gabel fixierst du die Teigstreifen am Rand. Schließlich backst du den Kuchen für 40 Minuten bei 170 °C.

Gummibärchen-Torte

Dafür brauchst du

Teig

240 g Mehl
3 TL Backpulver
120 g weiche Butter
220 g Zucker
1 TL Vanillearoma
2 Eier
240 ml Milch
½ TL Salz
50 g backfeste, bunte Streusel

Buttercreme

600 g Frischkäse
750 g Butter
400 g Puderzucker
verschiedene Lebensmittelfarben

Frosting

300 g Schlagsahne
250 g Frischkäse
40 g Zucker
1 TL Vanillearoma

Dekoration

500 g Gummibärchen

So lange brauchst du

Zubereitung:
ca. 1 Std
+ 2 Std. kalt stellen
Ober-/Unterhitze:
175 °C - 40 Min

---

2 Springformen:
18 cm

▶ Hier geht´s zum Video: www.leckerschmecker.me/gummibaeren-torte/

1. Verrühre das Mehl, das Backpulver, die Butter, den Zucker, das Vanillearoma, die Eier, Milch und das Salz zu einem Teig. Wenn alles glatt und geschmeidig ist, gib die bunten Streusel hinzu.

2. Fülle den Teig in zwei identische, eingefettete Backformen und backe ihn für 40 Minuten bei 175 °C. Lasse die Böden anschließend vollständig auskühlen

3. Schneide die beiden fertiggebackenen Biskuits zu insgesamt vier Tortenböden. Trenne dabei auch die Wölbung auf der Oberseite ab, damit die Böden gleichmäßig flach sind.

4. Rühre die Buttercreme aus Frischkäse, Butter und Puderzucker an. Nimm davon ein Drittel und färbe es mit der ersten Lebensmittelfarbe ein – zum Beispiel in Schlumpfblau. Streiche die Farbcreme auf den ersten Tortenboden.

5. Lege den zweiten Tortenboden auf die Creme und färbe das zweite Drittel Buttercreme ein. Grasgrün bietet sich an.

6. Wenn du drei Portionen Buttercreme und vier Tortenböden übereinandergeschichtet hast, rühre das Frosting aus der Sahne, dem Frischkäse, dem Zucker und dem Vanillearoma an und streiche es gleichmäßig über die ganze Torte. Obendrauf kommt eine besonders dicke Schicht.

7. Jetzt kommt der Puzzleteil. Drücke die Gummibärchen, nach Farbtönen geordnet, an das Frosting. Kleide so die ganze Torte in eine Gummibärchenhülle ein.

8. Gönne dem Kuchen noch eine krönende Ladung Gummibärchen obenauf. Stelle dann das Prachtstück 2 Stunden kalt.

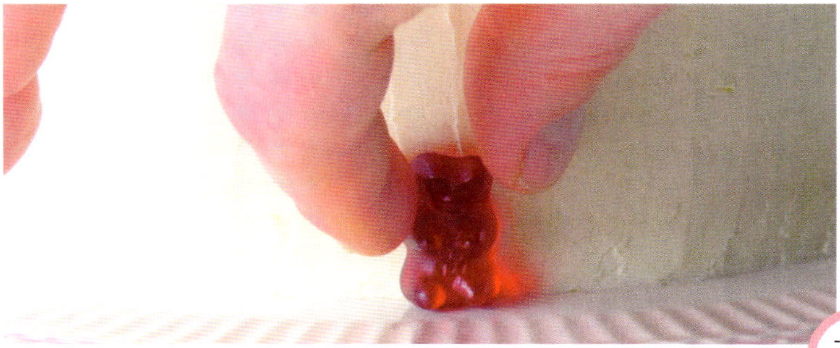

Tiramisu-Eistorte

Dafür brauchst du

Biskuitteig

2 Eier
40 g Zucker
40 g Mehl
10 g Stärke
1 Msp. Backpulver

Füllung

100 ml Espresso
120 g Vanilleeiscreme
230 g Frischkäse
50 g Walnüsse
100 g Schokolade
120 g Schlagsahne
Backkakao

So lange brauchst du

Zubereitung:
ca. 45 Min
+ 3 Std gefrieren
Umluft:
180 °C - 10 Min

Milchkarton (1 Liter)

▶ **Hier geht´s zum Video:** www.leckerschmecker.me/tiramisu-eistorte/

1. Bereite als Erstes den Biskuitteig zu, indem du die Eier mit dem Zucker schaumig schlägst. Gib anschließend das Mehl, die Stärke sowie das Backpulver hinzu und hebe alles vorsichtig unter.

2. Verteile den Teig auf einem Backblech und backe ihn für 10 Minuten bei 180 °C. Nachdem er abgekühlt ist, schneide ihn entsprechend zurecht, um eine erste Schicht im leeren, sauberen Milchkarton auszulegen. Trenne dafür von dem Milchkarton eine Seitenwand ab, sodass du nun eine rechteckige, oben offene „Schachtel“ zur Verfügung hast.

3. Bestreiche die erste Biskuitschicht im Karton mit Espresso und verteile darüber eine Masse, die du aus der Vanilleeiscreme und dem Frischkäse angerührt hast.

4. Darüber streust du die erste Hälfte der Walnüsse sowie etwas von der im Wasserbad erhitzten Schokolade und steif geschlagene Sahne.

5. Auf die Sahne schichtest du in derselben Reihenfolge noch einmal die gleichen Zutaten: Biskuitteig, Espresso, die verbliebene Eismasse, Walnüsse, die restliche Schokolade und die Sahne.

6. Danach stellst du die Tiramisu-Eistorte für 3 Stunden ins Gefrierfach und bestreust sie vor dem Servieren mit etwas Kakao.

Pavlova mit Kirschen

Dafür brauchst du

Kirschsoße

200 ml Kirschsaft (aus dem Glas)
1 TL Vanillearoma
1 EL Zitronensaft
1-2 EL Speisestärke
250 g entsteinte Kirschen

Cremefüllung

120 g Mascarpone
50 g Puderzucker
200 g Schlagsahne

Pavlova

180 g Zucker
4 Eiweiß
1 TL Backpulver
½ TL Salz

So lange brauchst du

Zubereitung:
ca. 30 Min
Ober-/Unterhitze:
120 °C - 75 Min

▶ Hier geht´s zum Video: www.leckerschmecker.me/pavlova-mit-kirschen/

1. Gib Kirschsaft, Vanillearoma und Zitronensaft in einen Topf und bringe die Flüssigkeit zum Kochen. Nimm vorher einige Esslöffel ab und vermenge sie mit Speisestärke. Die Mischung fügst du zur kochenden Soße hinzu. Die eingedickte Soße nimmst du vom Herd und vermengst sie mit den Kirschen.

2. Rühre Mascarpone und Puderzucker cremig. Schlage anschließend die Schlagsahne steif und hebe sie behutsam unter die Creme.

3. Schlage die Eiweiße mit Zucker, Backpulver und Salz sehr steif. Diese Baisermasse löffelst du in zwei gleich großen Kreisen auf ein Backblech. Bei 120 °C wird sie für 75 Minuten getrocknet.

4. Ist die Pavlova vollständig ausgekühlt, löffle die Hälfte der Creme auf eines der Baisers und garniere die Creme mit etwas Kirschsoße. Nun setze das zweite Baiser auf und verteile darauf die übrige Creme und Kirschsoße.

Streifenkuchen

Dafür brauchst du

Kuchen

7 Eier
1 Prise Salz
250 g Zucker
150 g Mehl
1 TL Vanillearoma
100 g Stärke
250 g weiche Butter
2 EL Backkakao
Aprikosengelee

Ganache

200 g Schlagsahne
200 g dunkle Kuvertüre
1 EL Butter

Garnierung

Backkakao zum Bestreuen

So lange brauchst du

Zubereitung:
ca. 1 Std
Grillen (im Ofen):
200 °C - 3 Min pro Schicht

Backblech:
22 cm x 28 cm

▶ Hier geht´s zum Video: www.leckerschmecker.me/streifenkuchen/

1. Trenne die Eier und schlage das Eiweiß mi- einer Prise Salz steif. Schlage Eigelb und Zucker schaumig. Wenn die Masse ihr Volumen verdoppelt hat und sandfarben ist, hat sie die richtige Konsistenz. Füge nun Mehl, Vanillearoma und Stärke hinzu und arbeite die Zutaten unter. Rühre nun die Butter ein und hebe zum Schluss das steif geschlagene Eiweiß unter den Teig.

2. Halbiere den Teig und hebe unter eine Hälfte 2 EL Kakao. Streiche dann ein Drittel des hellen Teiges auf ein mit Backpapier ausgelegtes kleines Blech und backe ihn für 3 Minuten bei 200 °C.

3. Jetzt streichst du ein Drittel des dunklen Teiges auf und backst den Kuchen erneut 3 Minuten. Wiederhole dies so oft, bis du sechs solcher Schichten hergestellt hast. Wie beim Baumkuchen wird auch dieser Kuchen mit jeder zusätzlichen Schicht ein weiteres Mal, aber nur sehr kurz gebacken.

4. Den fertig gebackenen Kuchen schneidest du in eine rechteckige Form. Achte darauf, alle Kanten genau gerade abzuschneiden. Für die nächsten Schritte ist das besonders wichtig. Schneide nun den begradigten Kuchen längs in acht Streifen gleicher Breite. Lege bei Bedarf ein Lineal an die Seiten und markiere den Kuchen an den entsprechenden Stellen.

5. Erwärme das Aprikosengelee, um es zu verflüssigen. Setze nun je vier Streifen in zwei Reihen übereinander zu einem Kastenkuchen zusammen. Streiche alle Seiten, die sich berühren, gut mit Gelee ein. So kleben sie zusammen und bleiben in Form.

6. Um die Ganache zuzubereiten, koche Schlagsahne auf, nimm sie vom Herd und füge dann die zerkleinerte Kuvertüre hinzu. Löse die Kuvertüre unter Rühren auf und füge erst zum Schluss die Butter hinzu. Setze den Streifenkuchen nun auf ein Kuchengitter und lass die Ganache über ihn laufen. Achte darauf, den Kuchen vollständig zu bedecken, und streiche die Ganache bei Bedarf mit einem Teigschaber glatt.

7. Schneide für den letzten Arbeitsschritt ein DIN-A4-Blatt in lange Streifen. Klebe die Streifen kreuz und quer zu einem Gitternetz. Dieses legst du auf den Kuchen, sobald die Ganache fest geworden ist. Anschließend bestäubst du den Kuchen mit reichlich Kakao. Nach dem Abziehen der Papierstreifen ist so ein geometrisches Muster entstanden.

Schoko-Dessert aus der Flasche

Dafür brauchst du

400 g Schlagsahne
100 g Nuss-Nougat-Creme
10 „kinder bueno"- Riegel
500 g Vollmilchschokolade
100 g weiße Schokolade

So lange brauchst du

Zubereitung:
ca. 45 Min
+ 3 Std gefrieren

---

2 Plastikflaschen:
1 Liter
Klebeband

▶ Hier geht´s zum Video: www.leckerschmecker.me/flaschen-dessert/

1. Schneide zunächst die Flaschen zurecht: Dafür trennst du den oberen, spitzen Teil der Flaschen ab, damit du zwei gerade Zylinder erhältst. Schneide von ihnen an der Seite jeweils etwa ein Drittel ab, sodass die Zylinder ungefähr wie ein Autotunnel aufliegen. Schiebe nun die Plastikzylinder so zusammen, dass sie sich ein paar Zentimeter überlappen. Fixiere die Konstruktion mit Klebeband. Drehe dann die Form mit der offenen Seite nach oben.

2. Schlage die Sahne steif, gib die Nuss-Nougat-Creme hinzu und rühre weiter, bis die Schlagsahne gleichmäßig eingefärbt ist.

3. Fülle dann so viel von der Sahnecreme in die Plastikflaschenform, dass diese etwa zu einem Drittel gefüllt ist. Lege zwei der Schokoriegel mittig in die Form und fülle den Rest der Creme auf. Bedecke die Creme mit sechs Schokoriegeln. Nun kommt alles für 3 Stunden ins Gefrierfach.

4. Erwärme die Vollmilch- und die weiße Schokolade jeweils im Wasserbad. Lege ein Abtropfgitter auf ein Gefäß, mit dem du die überschüssige Glasur auffangen kannst. Stülpe das kühle Dessert darauf und löse die Form ab. Gieße nun die flüssige Vollmilchschokolade gleichmäßig über das Dessert. Nachdem die Glasur getrocknet ist, gießt du noch die weiße Schokolade quer in Bahnen über das süße Kunstwerk. Die letzten zwei Riegel zerteilst du und setzt sie als Garnierung obenauf.

Topf-Apfelkuchen

Dafür brauchst du

Obstfüllung

1 Apfel
30 g Rosinen
3 EL Zuckerrübensirup

Teig

2 Eier
50 g Zucker
1 TL Vanillearoma
80 g Mehl
40 g gemahlene Mandeln
1 TL Zimt
½ TL Backpulver
80 g Butter

So lange brauchst du

Zubereitung:
ca. 40 Min
Kochen:
niedrige Hitze - 25 Min

Topf (antihaftbeschichtet):
16 cm

▶ Hier geht´s zum Video: www.leckerschmecker.me/topf-apfelkuchen/

1. Schlage zunächst die Eier, den Zucker und das Vanillearoma schaumig, bevor du das Mehl, die gemahlenen Mandeln, den Zimt und das Backpulver dazusiebst und vorsichtig unterhebst. Erwärme nun die Butter, bis sie flüssig ist, und hebe sie dann ebenfalls unter den Teig.

2. Schneide den Apfel in Stücke. Eine Hälfte davon verrührst du mit dem cremigen Teig.

3. Gib die restlichen Apfelstücke mit den Rosinen in einen Topf und karamellisiere das Ganze für etwa 1 Minute mit dem Zuckerrübensirup.

4. Den Teig gibst du nun über die karamellisierten Äpfel und Rosinen in den Topf und lässt das Ganze für 25 Minuten zugedeckt bei kleiner Hitze garen.

5. Zu guter Letzt nimmst du einen Teller und stürzt den Kuchen direkt aus dem Topf darauf. Danach ist der Apfelkuchen sofort servierbereit.

Baumkuchen

Dafür brauchst du

Marzipan

175 g gemahlene Mandeln
125 g Puderzucker
2 EL Amaretto

Teig

100 g Schlagsahne
225 g Zucker
170 g Butter
10 Eier
1 EL Orangenschale
100 g Stärke
150 g Mehl

Außerdem

300 g Erdbeermarmelade
Butter zum Einfetten
200 g dunkle Kuvertüre
50 g Mandelblättchen

So lange brauchst du

Zubereitung:
ca. 30 Min
Grillen (im Ofen):
220 °C - 1 ½ Min pro Schicht

Springform:
20 cm

▶ Hier geht´s zum Video: www.leckerschmecker.me/baumkuchen/

1. Verknete gemahlene Mandeln, Puderzucker und Amaretto zu Marzipan. Sowohl durch das Kneten als auch die Wärme deiner Hände verändert sich die Masse allmählich. Für dich bedeutet das, beim Kneten geduldig zu sein. Ist die Masse zu trocken, füge allmählich und sehr sparsam weiteren Amaretto zu.

2. Zupfe das Marzipan in kleine Stücke. Erwärme die Sahne ein wenig, gieße sie über das Marzipan und verrühre beides zu einer Creme. Gib Butter und Zucker auf die Creme und rühre erneut so lange, bis du eine gleichmäßige Masse erhältst. Trenne die Eier und gib die Eigelbe langsam nach und nach unter stetigem Rühren zum Teig. Reibe dann die Orangenschale in den Teig. Hebe Stärke und Mehl unter. Schlage schließlich die zehn Eiweiß steif und hebe auch diese unter den Teig.

3. Erwärme die Marmelade und rühre sie glatt. Als Nächstes streichst du eine Springform mit Butter aus. Gib eine Kelle Teig in die Form, streiche ihn dünn aus und backe ihn für 1 ½ Minuten im vorgeheizten Ofen bei 220 °C, bis der Teig leicht angebräunt ist. Bestreiche ihn dünn mit Marmelade und verteile darauf erneut eine dünne Schicht Teig. Wiederhole alle Schritte – Backen, Marmelade, Teig –, bis du 18 Schichten aufeinander hast (oder deine Backform voll ist).

4. Schmilz die Kuvertüre im Wasserbad. Löse den gut ausgekühlten Kuchen aus der Springform und bestreiche ihn mit Kuvertüre, bis die Oberseite und die Seitenflächen vollständig bedeckt sind. Streue nun einen Rand aus Mandelblättchen auf den Kuchen in die noch feuchte Kuvertüre.

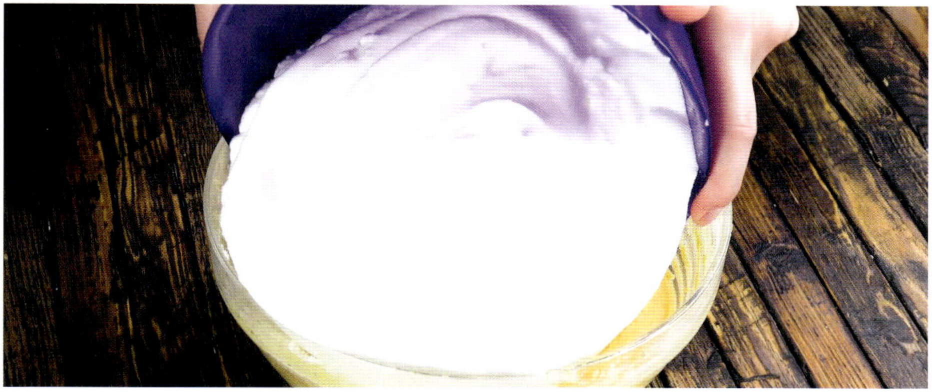

Regenbogen-Götterspeise

Dafür brauchst du

Götterspeise

1 ½ l Wasser
180 g Zucker
6 Pck. Zitronengötterspeise (je 12 g)

Außerdem

240 g Naturjoghurt
Lebensmittelfarbe (z.B. Rot, Blau und Grün)

So lange brauchst du

Zubereitung:
ca. 45 Min
+ insgesamt ca. 9 Std kalt stellen

Gugelhupfform:
24 cm

▶ Hier geht´s zum Video: www.leckerschmecker.me/regenbogen-goetterspeise/

1. Gib pro Schicht zuerst 270 ml Wasser in einen Topf. Rühre während des Erhitzens 30 g Zucker und 1 Pck. Götterspeise mit einem Schneebesen ein. Anschließend werden jeweils ein paar Tropfen der roten und der blauen Lebensmittelfarbe in die Flüssigkeit eingerührt.

2. Fülle drei Viertel der Götterspeise in eine Gugelhupfform und stelle diese 30 Minuten in den Kühlschrank.

3. Verrühre die übrige, noch flüssige Götterspeise mit 40 g warmem Joghurt zu einer glatten Creme und gieße diese auf die erste Schicht in der Form. Stelle die Form erneut kalt.

4. Wiederhole diese Schritte inklusive des Abkühlens mit weiteren Farben. Stelle die Gugelhupfform zum Schluss noch einmal 4 Stunden kalt, damit der Wackelpudding vor dem Stürzen fest wird.

Bananen-Schoko-Kuchen

Dafür brauchst du

3 Eier
300 g Schokolade
3 Bananen
1 Rolle Quicheteig
10 Karamellbonbons
1 Tafel Vollmilchschokolade

So lange brauchst du

Zubereitung:
ca. 40 Min
Umluft:
180 °C - 25 Min

Quicheform

Hier geht´s zum Video: www.leckerschmecker.me/bananen-schokolade-kuchen/

1. Trenne die Eier und schlage das Eiweiß steif. Schmilz die Schokolade im Wasserbad und verrühre sie mit dem Eigelb. Hebe das Eiweiß vorsichtig unter.

2. Schneide die Bananen in Stücke. Lege als Nächstes eine Quicheform mit dem Teig aus. Streiche die Schokoladencreme auf den Teig und setze die Bananenstücke aufrecht hinein. Dazwischen steckst du noch die Karamellbonbons. Drücke schließlich die Vollmilchschokolade in Stücken an den Rand der Quicheform, sodass du den überstehenden Teig nach innen über die Schokolade einschlagen kannst.

3. Backe den Kuchen bei 180 °C für 25 Minuten.

Gugelhupf-Überraschung

Dafür brauchst du

Teig

250 g weiche Butter
200 g Zucker
4 Eier
330 g Mehl
150 g dunkle Kuvertüre
120 ml Milch
5 EL Backkakao
2 TL Backpulver
1 TL Salz
1 TL Vanillearoma

Füllung

250 g Frischkäse
200 g Zucker
120 g Schlagsahne
2 Bananen
10 Erdbeeren

Glasur

170 g Vollmilchkuvertüre
50 g weiße Kuvertüre

So lange brauchst du

Zubereitung:
ca. 45 Min
+ mind. 2 Std kalt stellen
Umluft:
160 °C - 55 Min

Gugelhupfform

▶ Hier geht´s zum Video: www.leckerschmecker.me/geniale-gugelhupf-ueberraschung/

1. Erhitze die dunkle Kuvertüre im Wasserbac. Rühre separat für den Teig die Butter und den Zucker schaumig. Füge unter ständigem Rühren nach und nach Eier, Milch, Mehl, Vanillearoma, Kuvertüre, Kakao, Backpulver und Salz hinzu, bis ein glatter Teig entsteht. Fülle den Teig nun in eine gefettete Gugelhupfform und backe ihn 55 Minuten bei 160 °C.

2. Während du den Schokoladenkuchen abkühlen lässt, kannst du dich um die Füllung kümmern. Schlage dafür zunächst den Frischkäse mit dem Zucker und der Sahne auf und rühre so lange, bis du eine glatte Creme erhältst.

3. Nimm dich nun wieder des Kuchens an: Wichtig ist hierbei, dass du ihn zu diesem Zeitpunkt noch nicht aus der Form stürzt. Mache etwa 1,5 cm vom Außenrand sowie 1,5 cm vom Innenrand entfernt rundherum tiefe Einschnitte mit einem Messer. Anschließend nimmst du mit einem Esslöffel den Kuchenteil zwischen den Einschnitten heraus. Achte dabei darauf, den Kuchen gleichmäßig auszuhöhlen und auch zum Boden hin nicht zu viel zu entfernen. Streiche zum Schluss mit dem Löffelrücken die Mulde glatt. Den Teil, den du herausgenommen hast, sammelst du in einer Schüssel.

4. Belege die Innenränder des Kuchens mit Bananenscheiben und gib die Frischkäsecreme darauf. Setze die Erdbeeren rundherum in die Creme. Danach verteilst du darauf gleichmäßig die Kuchenstücke und -krümel, die du vom Aushöhlen übrig hast. So wird der Kuchen wieder verschlossen. Klopfe den Kuchendeckel mit einem Löffel fest. Anschließend wird der Gugelhupf für mindestens 2 Stunden kalt gestellt.

5. Schmilz für die Glasur die Kuvertüren im Wasserbad. Gieße zunächst die Vollmilchkuvertüre über den gestürtzten Kuchen. Lass sie etwas fest werden. Ziehe dann mit einem Löffel dünne Streifen der weißen Kuvertüre über den Kuchen.

Regenbogen-Spiegelkuchen

Dafür brauchst du

Kuchenboden

300 g Haferkekse
200 g Butter
40 g Backkakao

Creme

800 g Frischkäse
100 g Puderzucker
1 EL Vanillearoma
400 g Schlagsahne

Glasur

200 ml gezuckerte Kondensmilch
150 ml Wasser
175 g Zucker
4 Blatt Gelatine
350 g weiße Schokolade
Lebensmittelfarbe in Rot, Gelb, Grün und Blau

So lange brauchst du

Zubereitung:
ca. 1 Std
+ insgesamt 4 Std kalt stellen

Springform:
23 cm

▶ **Hier geht´s zum Video:** www.leckerschmecker.me/regenbogen-spiegelkuchen/

1. Zerbrösele für den Kuchenboden zunächst die Haferkekse in einer Springform und vermische sie anschließend gut mit dem Kakao. Schmilz die Butter und gieße sie darüber. Drücke alles mit einem Löffel platt. Stelle die Form dann für 2 Stunden kalt.

2. Für die Creme verrührst du mithilfe eines Schneebesens den Frischkäse mit dem Puderzucker und dem Vanillearoma. Schlage die Sahne steif und hebe sie unter die Creme.

3. Fülle die Creme auf den Kuchenboden in der Springform und streiche sie glatt. Das Ganze wird noch einmal 2 Stunden kalt gestellt.

4. Währenddessen kannst du dich an die Glasur machen: Dafür erhitzt du unter ständigem Rühren Kondensmilch mit Wasser und Zucker. Sobald die Flüssigkeit heiß ist (allerdings sollte sie nicht kochen!), gibst du eingeweichte Gelatine und weiße, gehackte Schokolade dazu und pürierst alles fein.

5. Gieße die Glasur anschließend durch ein Sieb und lasse sie auf ca. 30 °C abkühlen. Gib dann auf verschiedene Stellen der Glasur ein paar Tropfen jeder Lebensmittelfarbe. Die Lebensmittelfarbe wird nicht verrührt.

6. Löse nun den Kuchen aus seiner Form, stelle ihn auf ein Gitter und versieh dieses mit einer Unterlage, um die Glasur aufzufangen. Gieße dann gleichmäßig die Glasur auf die Kuchenoberfläche.

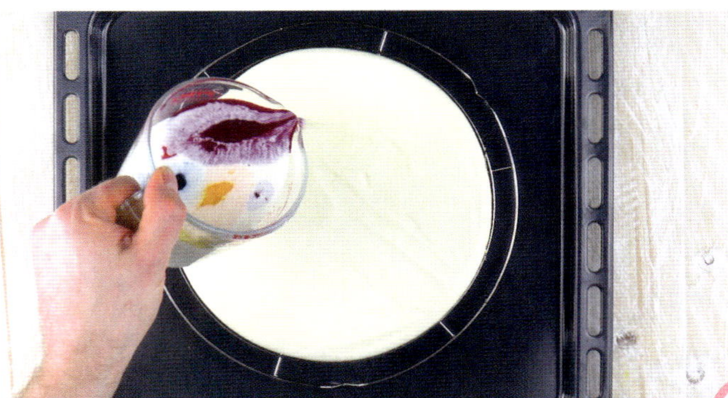

Cremige Cookie-Kuppel

Dafür brauchst du

Brownieteig

4 Eier
100 g Butter
100 g Zucker
60 g Mehl
200 g gemahlene Haselnüsse
1 Pck. Backpulver
20 g Backkakao
200 g Schokostreusel
1 Prise Salz
etwas Milch

Hülle

400 g Mini-Cookies
200 ml Milch

Füllung

450 g Frischkäse
Saft einer Limette
1 Vanilleschote
600 g Schlagsahne
150 g frische Blaubeeren
150 g frische Himbeeren
50 g Mini-Cookies

Außerdem

100 g Vollmilchschokolade

So lange brauchst du

Zubereitung:
ca. 45 Min
+ 4 Std gefrieren
Ober-/Unterhitze:
170 °C - 35 Min

Springform:
24 cm
große Schüssel

► **Hier geht´s zum Video:** www.leckerschmecker.me/cremige-cookie-kuppel/

1. Für den Brownieteig sollten alle Zutaten Zimmertemperatur haben. Trenne zuerst die Eier. Schlage anschließend die Butter mit dem Zucker schaumig und rühre das Eigelb langsam unter. Mische Mehl, Haselnüsse, Backpulver, Kakao, Schokostreusel und Salz mit etwas Milch. Erwärme die Eigelb-Masse auf niedriger Stufe und hebe das Mehl-Haselnuss-Gemisch unter. Schlage das Eiweiß steif und hebe es vorsichtig unter die Masse. Nun backst du den Teig bei 170 °C für 35 Minuten. Nimm den Tortenboden aus der Springform und lasse ihn abkühlen.

2. Kümmere dich nun um die leckere Hülle: Dafür tauchst du ein Cookie nach dem anderen in Milch und legst mit ihnen eine mit Frischhaltefolie ausgekleidete große Schüssel aus.

3. Gib für die Füllung den Frischkäse zusammen mit dem Limettensaft in eine Schüssel, kratze das Mark der Vanilleschote aus und gib es ebenfalls hinzu. Schlage die Sahne steif und hebe sie vorsichtig mit den Beeren unter die Creme. Gib zugleich ein paar zerbröselte Cookies hinein.

4. Jetzt wird die Kuppel gefüllt: Gib dafür etwa ein Drittel der Creme in die Schüssel und streiche sie glatt. Schmilz die Vollmilchschokolade und träufle etwa die Hälfte davon über die Creme. Gib nun das zweite Drittel der Creme in die Schüssel, streiche sie ebenfalls glatt und träufle die restliche Schokolade darüber. Als letzte Schicht für die Füllung kommt die übrige Creme obenauf. Streiche auch diese Portion glatt.

5. Setze nun den Tortenboden auf dein Werk und stelle es für 4 Stunden ins Gefrierfach. Stürze die Kuppel auf einen Teller.

Muttis Apfelkuchen

Dafür brauchst du

Teig

2 Äpfel
3 TL Zimt
180 g Mehl
120 g weiche Butter
1 TL Vanillearoma
120 ml Milch
2 Eier
150 g Zucker
2 TL Backpulver
75 g braunen Zucker

Glasur

60 g Puderzucker
1 EL Milch

So lange brauchst du

Zubereitung:
ca. 25 Min
Umluft:
180 °C - 50 Min

Kastenform

▶ Hier geht´s zum Video: www.leckerschmecker.me/muttis-apfelkuchen/

1. Schäle und entkerne die Äpfel und schneide sie in Würfel. Mische diese dann mit 2 TL Zimt.

2. Gib Mehl, Butter, Vanillearoma, Milch, Eier, Zucker und Backpulver in eine Schüssel und verrühre die Zutaten zu einem glatten Teig.

3. Fülle eine Kastenform mit der Hälfte des Teiges auf. Auf diesen legst du die Hälfte der Zimtäpfel. Es folgt die zweite Hälfte Teig, auf den die übrigen Äpfel gelegt werden.

4. Mische den braunen Zucker mit 1 TL Zimt und streue die Mischung obenauf. Gebacken wird der Kuchen bei 180 °C für rund 50 Minuten.

5. Sobald der Kuchen ausgekühlt ist, rührst du die Glasur an und gibst sie in Streifen über den Kuchen.

Weihnachtsbaum-Kuchen

Dafür brauchst du

Kuchen
10 Eier
500 g Zucker
4 EL Vanillearoma
450 ml Speiseöl
250 ml Wasser
750 g Mehl
1 Pck. Backpulver
Lebensmittelfarbe in Rot und Grün

Frosting
500 g Frischkäse
200 g Marzipan

Tannenbäume
150 g weiße Schokolade
Lebensmittelfarben in Grün und Blau
10 „Mikado"-Schokostäbchen
bunte Zuckerperlen und -sterne

So lange brauchst du

Zubereitung:
ca. 45 Min
Ober-/Unterhitze:
180 °C - 1 Std

Springform:
26 cm
Spritzbeutel

▶ **Hier geht´s zum Video:** www.leckerschmecker.me/weihnachtsbaum-kuchen/

1. Trenne die Eier, verteile Eiweiß und Eigelb auf zwei Schüsseln und schlage das Eiweiß steif. Gib zum Eigelb den Zucker und das Vanillearoma hinzu und rühre das Ganze cremig. Füge nach und nach das Speiseöl, das Wasser, das Mehl und das Backpulver unter Rühren hinzu. Hebe das Eiweiß vorsichtig unter, sodass ein schaumiger Teig entsteht.

2. Verteile den Teig auf zwei Schüsseln. Färbe eine Hälfte rot und die andere grün. Teile den gefärbten Teig ein weiteres Mal, sodass du zwei rote und zwei grüne Teigviertel hast.

3. Heize den Backofen auf 180 °C vor und fette zwei gleich große Springformen ein. Bestäube sie mit Mehl und gieße nun jeweils abwechselnd den roten und den grünen Teig portionsweise hinein, immer mittig und aufeinander. So entstehen rot-grüne Farbringe. Beginnst du in der ersten Form mit Grün und in der zweiten Form mit Rot, stehen die Farbringe der Kuchenböden nachher versetzt zueinander. Backe beide Böden für 1 Stunde und lass sie anschießend gut auskühlen.

4. Verrühre inzwischen das Marzipan und den Frischkäse zu einem cremigen Frosting. Schneide von den ausgekühlten Böden jeweils die Oberseite ab, sodass sie eben sind. Bestreiche den ersten Boden mit einer dicken Schicht Frosting. Jetzt lege den zweiten Boden umgekehrt darauf und bestreiche den Kuchen von allen Seiten mit Frosting.

5. Schmilz die weiße Schokolade im Wasserbad und färbe sie mit der Lebensmittelfarbe ein, in der du die künftigen Dekobäumchen sehen möchtest. Es bieten sich zwei unterschiedliche Grüntöne an. Fülle die bunte Schokolade in Spritzbeutel. Zeichne die Bäumchen auf Papier vor und bedecke das Papier mit einer Plastikfolie. Ein „Mikado“-Stäbchen bildet den Stamm. Fixiere es mit Schokolade auf der Folie. Darüber wird das „Tannengrün“ gelegt und zum Schluss wird der Baum mit Perlen und Sternen geschmückt.

6. Lass die Dekobäumchen gut abkühlen, bevor du sie vorsichtig von der Folie löst, und stecke sie in die Torte. Ein Hauch von Puderzucker verleiht ihnen einen verschneiten Look.

Schneekugel-Kuchen

Dafür brauchst du

Rührkuchen

125 g weiche Butter
100 g Zucker
2 Eier
50 g Stärke
150 g Mehl
1 Prise Salz
1 TL Backpulver
1 EL Milch nach Bedarf

Buttercreme

150 g Puderzucker
100 g weiche Butter
100 g Frischkäse
1 TL Lebensmittelfarbe in Rot

Häuschen

1 EL weiche Butter
Zuckerperlen
Zuckersterne
Zuckersirup
Zartbitterschokolade
weiße Schokolade
Puderzucker

Außerdem

180 ml kaltes Wasser
55 g Blattgelatine

So lange brauchst du

Zubereitung:
ca. 1 Std
+ 24 Std trocknen lassen
Ober-/Unterhitze:
170 °C - 40 Min

Springform:
15 cm
Luftballon

▶ Hier geht´s zum Video: www.leckerschmecker.me/schneekugel-kuchen/

1. Rühre die Butter mit dem Zucker schaumig und mische nach und nach die Eier sowie die restlichen Zutaten unter. Fülle den Teig in eine Springform und backe ihn für 40 Minuten bei 170 °C. Lass ihn gut abkühlen und schneide anschließend die Oberseite eben sowie – unter Zuhilfenahme einer kopfüber auf dem Kuchen platzierten Schüssel – den Rand ab.

2. Rühre die weiche Butter, den Puderzucker, den Frischkäse und die Lebensmittelfarbe zu einer roten Creme und bestreiche das Kuchenstück damit.

3. Nimm die abgeschnittenen Teigstücke, zerbrösele sie in einer Schüssel und verknete sie mit 1 EL Butter zu einem festen Teig. Rolle den Teig aus und setze daraus ein kleines Häuschen, komplett mit Dach und Schornstein, zusammen.

4. Schmilz die Zartbitterschokolade im Wasserbad. Verwende sie als „Klebstoff", um aus weißer Schokolade kleine Türen und Fenster an dem Haus anzubringen. Schmücke das Bauwerk noch mit glänzenden Zuckerperlen.

5. Weiche die Gelatine in Wasser ein und lass sie 10 Minuten lang quellen. Dann schmilz sie im Wasserbad, bevor du sie wieder auf 35 °C abkühlen lässt. Blase einen Luftballon auf, wische ihn mit lauwarmem Wasser ab und reibe ihn trocken. Dann fettest du ihn ganz dünn mit Öl ein. Ziehe ihn anschließend zweimal durch die flüssige Gelatine, hänge ihn an einer Schnur auf und lass ihn mindestens 24 Stunden lang trocknen. Tipp: Bereite mehrere Ballons so vor, falls eine der Gelatinekugeln kaputtgeht.

6. Lass ganz vorsichtig die Luft aus dem Ballon entweichen und zupfe die leere Hülle aus der verbliebenen Gelatinekugel.

7. Mit ein paar Tropfen Zuckersirup klebst du von innen Zuckersterne an die Wand der Kugel.

8. Stelle das Häuschen auf den Kuchen und bestäube es mit Puderzucker. Stülpe die Kugel darüber. Fertig!

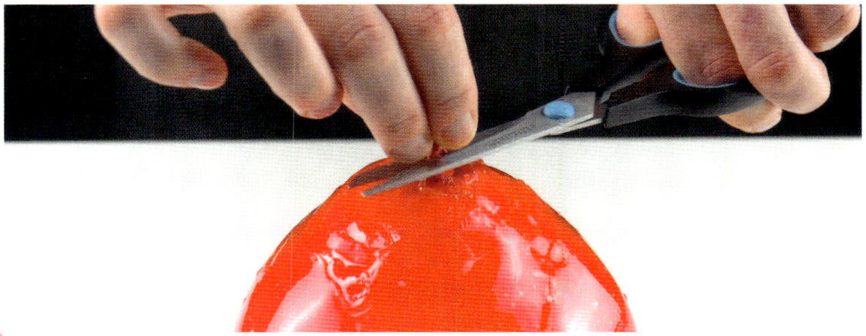

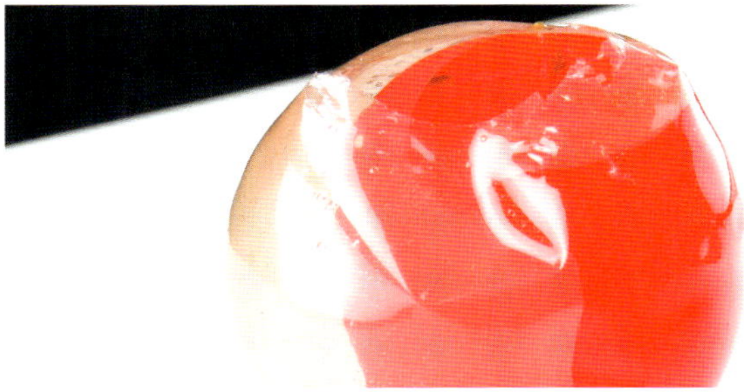

Cupcakes, Muffins & Co.

Weihnachtsrezepte

Muffins in der Orange

Dafür brauchst du

Orangenmuffin

4 Bio-Orangen
3 Eier
200 g Zucker
1 TL Vanillearoma
140 g Mehl
40 g Backkakao
1 TL Backpulver
125 g Butter

Creme

150 g Frischkäse
40 g Zucker
150 g Schlagsahne

So lange brauchst du

Zubereitung:
ca. 20 Min
Ober-/Unterhitze:
170 °C - 25 Min

---

6 Portionen
Muffinform

▶ **Hier geht´s zum Video:** www.leckerschmecker.me/muffin-in-der-orange/

1. Halbiere drei der Orangen und kratze das Fruchtfleisch aus den Schalen. Lege die Orangenhälften in die Mulden einer Muffinform.

2. Presse den Saft einer ganzen Orange aus und fülle ihn in eine Schüssel. Gib Eier, Zucker und Vanillearoma dazu und schlage alles schaumig auf.

3. Schmilz die Butter und füge sie zusammen mit Mehl, Kakao und Backpulver zum Orangen-Eier-Mix. Verrühre alles zu einem glatten Teig.

4. Fülle die Orangenhälften bis etwa 1 cm unter den Rand mit Teig auf und backe sie bei 170 °C für 25 Minuten.

5. Schlage Frischkäse, Zucker und Sahne zu einer Creme auf.

6. Streiche die Oberseite der ausgekühlten Muffins mit der Creme ein und reibe schließlich noch etwas frische Orangenschale auf jeden Muffin.

Waldbeer-Schokokuchen im Glas

Dafür brauchst du

Soße
180 g Himbeeren
2 EL Wasser
2 EL braunen Zucker
Abrieb einer Bio-Zitrone

Teig
150 g Zucker
3 Eier
75 g Mehl
75 g Backkakao
½ TL Backpulver
1 Prise Salz
200 g Butter
250 g dunkle Kuvertüre

Creme
400 g Frischkäse
200 g Schlagsahne
80 g Zucker

Außerdem
150 g Erdbeeren
150 g Blaubeeren

So lange brauchst du

Zubereitung:
ca. 30 Min
Umluft:
170 °C - 20 Min

2 Portionen
Brownieform
Weingläser

▶ **Hier geht´s zum Video:** www.leckerschmecker.me/waldbeer-schoko-kuchen/

1. Bereite zunächst die Himbeersoße zu, indem du alle Zutaten miteinander aufkochst. Lass die Soße anschließend auskühlen.

2. Für den Teig schlägst du Zucker und Eier sehr schaumig auf. Nun kannst du Mehl, Kakao, Salz und Backpulver zugeben und mischen. Schmilz die Butter und erhitze die Kuvertüre im Wasserbad. Rühre beide in den Teig. Gib den Teig in eine kleine, rechteckige Backform (z.B. eine Brownieform) und backe ihn für 20 Minuten bei 170 °C. Löse den Kuchen nach dem Auskühlen aus der Form und schneide ihn in kleine Rechtecke.

3. Als Nächstes schlägst du Frischkäse, Sahne und Zucker zu einer Creme.

4. Um das Dessert zu schichten, lege einige Kuchenwürfel auf den Boden eines Weinglases und bedecke sie mit einer Schicht Creme, ehe du Blaubeeren, Erdbeeren und Himbeersoße daraufgibst. Wiederhole alle diese Schichten ein weiteres Mal.

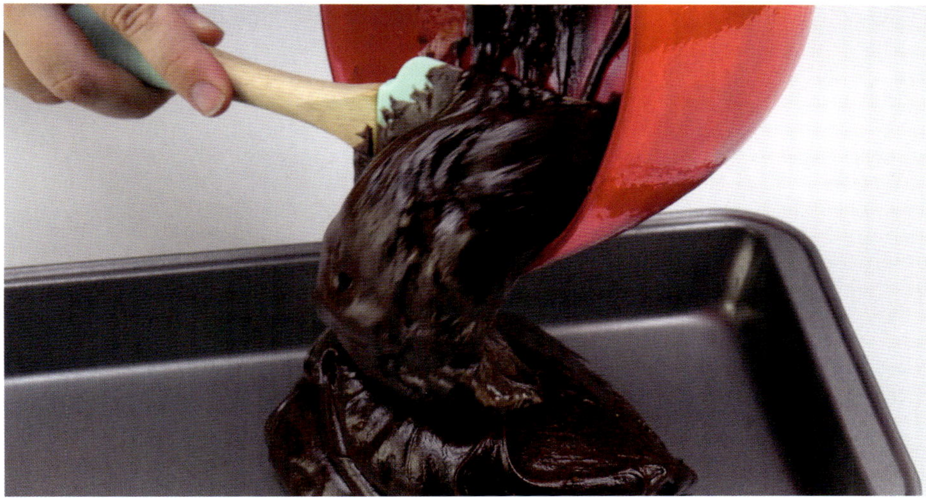

Bananen-Überraschung

Dafür brauchst du

Dulce de leche
1 Dose gezuckerte Kondensmilch
50 ml Milch

Bananenbrot
3 Bananen
2 Eier
150 g Apfelmus
2 EL Sonnenblumenöl
1 Prise Salz
150 g Mehl
100 g Dinkelvollkornmehl
1 TL Zimt
1 Pck. Backpulver
100 g Walnusskerne

Vanillepudding
1 Pck. Vanillepuddingpulver
500 ml Milch
40 g Zucker

Füllung
3 EL Zucker
2 EL Butter
3 EL Rum
etwas Orangensaft
3 Bananen

Dekoration
400 g Zartbitterschokolade
Schlagsahne
Schokoperlen

So lange brauchst du

Zubereitung:
ca. 1 ½ Std
+ insgesamt 3 Std kalt stellen
+ 3 Std Kondensmilch kochen

Ober-/Unterhitze:
170 °C - 45 Min

6 Portionen
Glas, Patisseriefolie (10 cm hoch)

▶ **Hier geht´s zum Video:** www.leckerschmecker.me/bananen-ueberraschung/

1. Bereite zunächst die Dulce de leche zu, indem du die verschlossene Dose mit der Kondensmilch 3 Stunden lang in einem Wasserbad kochen lässt.

2. Während die Kondensmilch kocht, stellst du das Bananenbrot her. Heize den Backofen auf 170 °C vor und zerdrücke die Bananen mit einer Gabel. Gib die Eier hinzu und verquirle sie mit dem Bananenbrei. Dann werden Apfelmus, Öl und Salz untergerührt. Vermische beide Mehlsorten mit Zimt und Backpulver und rühre sie unter die Bananenmasse. Hacke die Walnüsse und hebe sie unter den Teig. Lege eine Kastenform mit Backpapier aus und fülle den Teig ein. Das Bananenbrot wird für ca. 45 Minuten gebacken.

3. Während das Bananenbrot backt, kannst du den Vanillepudding mit 500 ml Milch und 40 g Zucker unter Rühren aufkochen. Lass ihn danach, mit Frischhaltefolie abgedeckt, abkühlen.

4. Wenn die Kondensmilch gekocht und abgekühlt ist, verdünnst du sie mit 50 ml Milch. Schneide 18 Scheiben vom abgekühlten Bananenbrot ab und stich sie mit einem Glas aus. Bestreiche jede runde Bananenbrotscheibe mit der Dulce de leche.

5. Widme dich nun der Füllung, indem du zunächst die Bananen in Scheiben schneidest. Karamellisiere nun 3 EL Zucker in einer Pfanne und füge anschließend die Butter hinzu. Sobald diese geschmolzen ist, gießt du den Rum hinein und flambierst das Ganze. Gib noch einen Spritzer Orangensaft in die Pfanne, bevor du darin die Bananenscheiben brätst.

6. Staple die Desserts zu Türmchen. Hierfür legst du jeweils eine der ausgestochenen und bestrichenen Bananenbrotscheiben als Basis aus und wickelst den zurechtgeschnittenen Streifen Folie herum. Fixiere ihn mit Klebestreifen. Auf das Bananenbrot kommen je zwei karamellisierte Stückchen Bananen und darauf wiederum etwas Vanillepudding. Staple pro Turm insgesamt drei Schichten aus Bananenbrot, Bananen und Pudding aufeinander und lasse die Türme 1 Stunde lang abkühlen.

7. Entferne die Folie und nimm jeweils einen zweiten Streifen Folie zur Hand, den du auf die Arbeitsplatte legst, mit im Wasserbad geschmolzener Zartbitterschokolade bestreichst und um den Dessert-Turm wickelst. Kühle die Desserts für 2 Stunden. Abschließend gibst du noch etwas geschlagene Sahne und einige Schokoperlen obendrauf.

Mini-Einhorn-Kuchen

Dafür brauchst du

Boden

150 g Butterkekse
50 g Butter

Creme

250 g Mascarpone
80 g Zucker
1 EL Vanillearoma
½ TL Zitronensaft
200 g Schlagsahne
100 g gezuckerte Kondensmilch
1 Prise Salz
2 Blatt Gelatine
warmes Wasser
Lebensmittelfarbe in Rosa, Violett, Türkis und Gelb

Garnierung

120 g Schlagsahne
3 Zuckerguss-Regenbögen
3 Zuckerguss-Einhörner

So lange brauchst du

Zubereitung:
ca. 45 Min
+ insgesamt 4 Std kalt stellen

3 Portionen
3 leere Dosen

▶ Hier geht´s zum Video: www.leckerschmecker.me/mini-einhorn-kuchen/

1. Der erste Schritt besteht darin, die Kuchenformen zu basteln: Entferne dafür mit einem Dosenöffner Deckel und Boden von drei gleich großen Konservendosen. Stelle die Dosen auf ein tiefes Blech und lege die Innenwände jeweils mit einem Streifen Backpapier so aus, dass sie vollständig ausgekleidet sind.

2. Nun geht es an die Zubereitung des Keksbodens: Zerbrösele dafür die Butterkekse und vermische sie sorgfältig mit geschmolzener Butter. Verteile die Masse sorgfältig in den drei Dosen und drücke sie unten mit den Fingern an. Stelle die Böden dann kalt.

3. Rühre für die Creme zunächst Mascarpone, Zucker, Vanillearoma, Zitronensaft, Sahne, Kondensmilch und Salz mit einem Schneebesen glatt. Rühre die eingeweichte Gelatine in warmes Wasser ein und gieße dieses in die Mascarpone-Mischung. Verquirle beides so lange, bis die Gelatine ganz eingearbeitet ist. Teile die Creme in vier gleich große Portionen auf. Jede Portion wird anschließend mit einer anderen Lebensmittelfarbe gefärbt.

4. Gieße die Mascarpone-Creme in Schichten auf die Keksböden in den Dosen. Stelle die Dosen nach jeder Cremeschicht für jeweils 30 Minuten kalt, damit sich die Farben nicht vermischen. Zum Schluss werden die Formen noch einmal mindestens 2 Stunden gekühlt. Löse die Küchlein dann aus der Form, fülle die geschlagene Sahne in eine Spritztülle und setze damit ein Häubchen auf jeden Kuchen. Setze jeweils ein Einhorn und einen Regenbogen aus Zuckerguss auf die Sahne.

Tipp: Damit sich die Kuchen leichter vom Dosenrand lösen, kannst du die Außenseiten kurz anföhnen.

Eis im Brownie-Becher

Dafür brauchst du

Brownieteig

125 g weiche Butter
200 g Zucker
2 Eier
125 g Mehl
60 g Backkakao
1 TL Vanillearoma
¼ TL Backpulver
1 Prise Salz

Garnierung

3 EL Karamellsoße
1 EL Schokostreusel
Speiseeis

So lange brauchst du

Zubereitung:
ca. 25 Min
Umluft:
180 °C - 25 Min

6 Portionen
Muffinform
Glas

▶ **Hier geht´s zum Video:** www.leckerschmecker.me/browniebecher/

1. Gib die Butter, den Zucker, die Eier, das Mehl, den Kakao, das Vanillearoma, das Backpulver sowie die Prise Salz in eine Schüssel und verrühre alles zu einem Teig.

2. Verteile den Teig zu möglichst gleichen Teilen in einer eingefetteten Muffinform und backe ihn für 25 Minuten bei 180 °C.

3. Bestreiche den Boden und die Seiten eines Glases von außen mit Pflanzenöl und drücke es in die noch weichen und warmen Brownies. Lasse die Brownies anschließend auskühlen.

4. Nun hast du sechs kleine Becher aus Brownieteig, in die du jeweils eine Kugel deines Lieblingseises hineinlegen kannst. Garniere die kühle Köstlichkeit zum Abschluss noch mit Schokostreuseln und Karamellsoße.

Himbeer-Mousse-Desserts

Dafür brauchst du

Biskuitboden
4 Eigelb
110 g Zucker
30 g Walnüsse, gemahlen
50 ml Wasser
30 ml Öl
80 g Mehl
30 g Backkakao
1 TL Backpulver
5 Eiweiß

Himbeerfüllung
250 g Himbeeren
60 g Puderzucker
Saft einer Orange

Mousse
550 g Schlagsahne
10 Blatt Gelatine
300 g Joghurt
90 g Zucker
1 TL Vanillearoma

Außerdem
6 Knusperwaffeln
200 g weiße Kuvertüre
6 frische Himbeeren
Schlagsahne zum Dekorieren

So lange brauchst du

Zubereitung:
ca. 30 Min
+ 2 Std kalt stellen
+ 30 Min gefrieren

Umluft:
180 °C - 8 Min

6 Portionen
6 Schüsselchen,
6 Dessertringe: 7,5 cm

▶ **Hier geht´s zum Video:** www.leckerschmecker.me/himbeer-mousse-dessert/

1. Stelle als Erstes den Biskuitboden her: Schlage Eigelb, Zucker, gemahlene Walnüsse, Wasser und Öl zusammen schaumig und hebe dann Mehl, Kakao und Backpulver unter die Masse. Als Nächstes schlägst du das Eiweiß mit einer Prise Salz steif und ziehst es dann unter die schaumige Eigelbmasse. Gib die Masse auf ein Backblech und backe sie für ca. 8 Minuten bei 180 °C.

2. Erhitze die Himbeeren zusammen mit dem Puderzucker und dem Orangensaft in einem Topf und lass alles 5 Minuten kochen. Mixe anschließend alles mit einem Pürierstab und streiche es durch ein Sieb.

3. Kleide dann sechs Schüsselchen mit Frischhaltefolie aus und gieße die Himbeerfüllung hinein. Stelle die Schüsselchen für 30 Minuten in den Gefrierschrank.

4. Stich dann mit den Dessertringen sechs Kreise aus dem Biskuit. Die Biskuits bleiben als Böden in den Dessertringen.

5. Für die Mousse lässt du zunächst die Gelatine einweichen. Erwärme in der Zwischenzeit 150 g Sahne. Darin verrührst du nun die Gelatine glatt und lässt sie etwas abkühlen. Schlage anschließend Joghurt, 400 g Sahne, Zucker und Vanillearoma zu einer Mousse. Rühre dann die Sahne-Gelatine-Mischung unter.

6. Nun geht es ans Schichten: Gib 2 EL der Creme in jeden Dessertring. Lege dann in jeden Ring eine Knusperwaffel auf die Creme. Nimm dich dann der inzwischen gefrorenen Himbeersoße an: Stürze sie aus den Schüsselchen und lege jeweils eine Portion in einen Dessertring. Fülle alle mit der Joghurt-Mousse auf. Stelle die Desserts anschließend kalt.

7. Für das Schokoladendekor streichst du die geschmolzene Kuvertüre auf ein mit Backpapier ausgelegtes Backblech. Fahre dann mit einem Zahnspachtel darüber und male mit einem Finger sechs Blätterformen hinein. Lass die Kuvertüre auskühlen und löse dann vorsichtig jedes Schokoblättchen vom Backpapier.

8. Nachdem du die Desserts aus der Form gelöst hast, garnierst du sie mit einem Häubchen geschlagener Sahne, dem Schokoblättchen und einer Himbeere.

Schoko-Minz-Käseküchlein

Dafür brauchst du

Keksboden

100 g Butterkekse
2 EL Backkakao
75 g Butter

Minzschicht

150 g Frischkäse
40 g Zucker
1 Ei
4 cl Minzlikör

Außerdem

250 g Zartbitterschokolade
40 g Minzschokolade

So lange brauchst du

Zubereitung:
ca. 30 Min
Umluft:
160 °C - 20 Min

---

6 Portionen
Muffinform

▶ Hier geht´s zum Video: www.leckerschmecker.me/schoko-minz-kaesekuechlein/

1. Gib die Butterkekse in eine Schüssel und zerstoße sie sorgfältig zu kleinen Krümeln. Schmilz die Butter und füge sie mit dem Kakao zu den Kekskrümeln. Mische die Zutaten gut durch.

2. Nun nimmst du einen Bogen Backpapier und schneidest ihn in Streifen. Diese legst du in die Mulden der Muffinform – und zwar so, dass auf beiden Seiten ein kleines Stück als Lasche herausragt. Fülle nun die Keks-Kakao-Masse in die Mulden und drückst sie fest.

3. Anschließend vermischst du den Frischkäse, den Zucker, das Ei und den Minzlikör in einem Mixer. Die Mischung wird nun gleichmäßig auf die Kakao-Keks-Masse in den Mulden der Muffinform verteilt. Dann kommt die Form für 20 Minuten bei 160 °C in den Ofen. In der Zwischenzeit kannst du die Zartbitterschokolade im Wasserbad schmelzen lassen.

4. Wenn die Küchlein fertig sind, holst du sie aus der Form, indem du sie an den überstehenden Laschen heraushebst. Lege deine Backwerke auf einen Teller und verteile die flüssige Zartbitterschokolade auf ihnen. Dann kommt noch die Minzschokolade in Stücken obendrauf. Wenn du magst, kannst du sie abschließend noch mit ein paar Spritzern Zartbitterschokolade verzieren.

Zitronenküchlein

Dafür brauchst du

Lemon Curd
3 Zitronen
250 g Zucker
75 g Butter
3 Eier

Muffin
115 g weiße Schokolade
115 g Butter
95 g Mehl
60 g Puderzucker
4 Eigelb
4 Eier
1 Prise Salz
1 TL Zitronenschale

Garnierung
Schlagsahne
Beeren
Minze

So lange brauchst du

Zubereitung:
ca. 20 Min
Umluft:
160 °C - 14 Min

6 Portionen
Muffinform

▶ **Hier geht´s zum Video:** www.leckerschmecker.me/zitronenkuechlein/

1. Presse zunächst die Zitronen über einem Topf aus und rühre dann, während du den Saft auf mittlerer Stufe erhitzt, Zucker, Butter und Eier mit einem Schneebesen ein. Rühre so lange weiter, bis die Flüssigkeit zu einer Creme andickt. Nimm sie von der Kochstelle, bevor sie zu kochen beginnt.

2. Schmilz die weiße Schokolade zusammen mit der Butter. Verrühre sie dann mit dem Mehl, dem Puderzucker, dem Eigelb, den ganzen Eiern und Salz zu einem glatten Teig.

3. Gib danach die Creme aus dem Topf zum Teig und reibe die Zitronenschale darüber. Verrühre nun noch einmal alles sorgfältig.

4. Als Nächstes verteilst du den Zitronenteig in einer gefetteten Muffinform. Backe die handlichen Gaumenfreuden für 14 Minuten bei 160 °C.

5. Gib das abgekühlte Küchlein umgedreht auf einen Dessertteller und garniere es mit einem Tupfer geschlagener Sahne, einigen Minzblättchen und frischen Beeren.

Lava-Brownies

Dafür brauchst du

Brownieteig

360 g Mehl
350 g Butter
350 g Zucker
200 g weiße Kuvertüre
160 g Zartbitterkuvertüre
90 g Backkakao
6 Eier
3 TL Backpulver
1 TL Vanillearoma
1 Prise Salz

Schokodekor

200 g Zartbitterkuvertüre

Ganache

200 g Vollmilchkuvertüre
80 g Zartbitterkuvertüre
100 g Schlagsahne

So lange brauchst du

Zubereitung:
ca. 40 Min
Umluft:
180 °C - 25 Min

---

6 Portionen
3 runde Ausstechformen:
4,5 cm, 11,5 cm & 12,5 cm

▶ **Hier geht´s zum Video:** www.leckerschmecker.me/lava-brownie/

1. Bereite zunächst den Brownieteig zu: Schmilz die Butter und die Zartbitterkuvertüre im Wasserbad. Hacke die weiße Kuvertüre klein. Gib nun alle Zutaten in eine große Schüssel. Nimm allerdings nur die Hälfte von der weißen Kuvertüre. Rühre dann alles zu einem glatten Teig.

2. Gib den Teig in ein tiefes, mit Backpapier ausgelegtes Backblech und streiche ihn glatt. Streue den Rest der weißen Kuvertüre darüber und backe den Brownie nun für 25 Minuten bei 180 °C. Lass ihn dann abkühlen.

3. Stich mit der mittleren Ausstechform sechs Kreise aus dem Kuchen. Anschließend stichst du mit der kleinen Ausstechform die Kuchenkreise zu Ringen.

4. Erhitze für das Schokodekor die Zartbitterkuvertüre im Wasserbad, gieße sie auf deine mit Alufolie ausgelegte Arbeitsfläche und streiche sie glatt. Lass die Kuvertüre dann abkühlen.

5. Stich mit der großen Ausstechform sechs Kreise aus der Kuvertüreplatte. Bedecke jedes Küchlein mit einer solchen Platte.

6. Bereite dann die Ganache zu. Erwärme dafür die zwei Kuvertürensorten im Wasserbad und verrühre sie mit der Sahne zu einer dunklen Creme. Gieße jeweils ein Sechstel der noch heißen Ganache auf jedes Küchlein und genieße den Effekt des „Schokokraters“, der daraufhin entsteht.

Himbeer-Törtchen

Dafür brauchst du

Keksboden

8 „Oreo"-Kekse
2 EL Milch

Himbeerschichten

150 g Schlagsahne
250 g Joghurt
50 g Zucker
1 EL Vanillearoma
3 Blatt Gelatine
200 ml Himbeersoße

So lange brauchst du

Zubereitung:
ca. 20 Min
+ 1 ½ Std kalt stellen
+ 2 Std gefrieren

2 Portionen
Tassen

▶ **Hier geht´s zum Video:** www.leckerschmecker.me/himbeer-toertchen/

1. Schneide vier Streifen Backpapier zurecht. Diese legst du gekreuzt in zwei Tassen. Sie sollten dabei als Laschen etwas überstehen.

2. Zerkleinere als Nächstes die Kekse zu Krümeln und vermenge sie mit Milch zu einem Teig. Gib den Keksteig auf den Boden der Tassen, drücke ihn fest und stelle ihn für 30 Minuten kalt.

3. Weiche die Gelatine in kaltem Wasser ein. Drücke sie aus und schmilz sie. Verrühre anschließend Joghurt, Zucker und Vanillearoma und gib 2 EL davon zu der warmen Gelatine. Gib nun das Gelatine-Gemisch zu der Joghurtmasse und verrühre alles miteinander. Hebe nun geschlagene Sahne unter. Teile diese Creme in drei gleich große Portionen auf.

4. Zur ersten Portion gibst du 100 ml Himbeersoße, zur zweiten Portion 50 ml davon und mischst diese jeweils gut unter die Creme. Die dritte Portion bleibt, wie sie ist. Anschließend gibst du die erste Himbeercreme auf den Keksboden und stellst ihn erneut kalt, diesmal für 20 Minuten.

5. Es folgt die zweite Portion Creme, diesmal die mit dem geringeren Himbeeranteil. Und wieder heißt es: 20 Minuten kühlen, ehe die letzte Schicht Creme, ohne Himbeeranteil, folgt.

6. Das Dessert wird zuletzt 2 Stunden tiefgefroren. Zum Servieren ziehst du es behutsam an den Backpapierstreifen aus den Tassen und garnierst es mit der übrigen Himbeersoße.

„Milch-Schnitten"-Cake-Pops

Dafür brauchst du

4 „Milch-Schnitten"
400 g dunkle Kuvertüre
400 g weiße Kuvertüre

So lange brauchst du

Zubereitung:
ca. 20 Min

---

6 Portionen
6 Schaschlikspieße

▶ **Hier geht´s zum Video:** www.leckerschmecker.me/milch-schnitten-cake-pops/

1. Schneide von jeder Milch-Schnitte einen schmalen Längsstreifen ab und teile die verbleibenden Schnitten in drei gleich große Quadrate. Die abgetrennten Streifen kannst du übrigens sofort vernaschen, sie werden für die Würfel nicht benötigt. Dann stapelst du jeweils zwei Quadrate zu einem Würfel übereinander und stichst sie mit einem Schaschlikspieß oder Lollistiel auf.

2. Dann geht es an die Kuvertüre: Die wird in einem Wasserbad geschmolzen.

3. Einen Teil der Würfel tauchst du nun in die dunkle Kuvertüre, den anderen in die weiße. Ist der Überzug fest geworden, wiederholst du den Vorgang noch ein- bis zweimal, bis der Kuvertüre-Mantel dick genug ist. Anschließend verzierst du die Kuchenlollis mit einigen Punkten Kuvertüre aus dem Spritzbeutel, sodass sie wie Spielwürfel aussehen.

Zitronen-Blümchen

Dafür brauchst du

Mürbeteig

100 g Zucker
200 g Butter
300 g Mehl
1 Ei
1 Prise Salz

Füllung

70 g Zucker
3 Eier
20 g Speisestärke
250 ml Milch
1 Bio-Zitrone
Puderzucker

So lange brauchst du

Zubereitung:
ca. 40 Min
+ 30 Min kalt stellen
Umluft:
175 °C - 13 Min

3 Portionen
Muffinform, Tasse, Eierbecher

▶ **Hier geht´s zum Video:** www.leckerschmecker.me/zitronen-bluemchen/

1. Knete die Zutaten für den Mürbeteig glatt. Da die Butter kalt sein sollte, gibst du sie in Flocken hinzu. Stelle den Teig anschließend - in Klarsichtfolie gewickelt - für 30 Minuten kalt.

2. Rolle den Teig aus und stich mithilfe einer Tasse drei große Kreise und mit einem Eierbecher fünfzehn kleine Kreise aus.

3. Zum Anfertigen der Blüten drückst als du als Erstes die großen Teigkreise jeweils in eine Mulde einer Muffinform. Der äußere Teil der Teigkreise muss bis zum Muldenrand hinaufreichen. Drücke je fünf kleine Teigkreise an den oberen Rand der Mulden, sodass sich eine Blütenform ergibt. Die Blüten backst du für 13 Minuten bei 175 °C.

4. In dieser Zeit kannst du die Füllung zubereiten. Für diese schlägst du den Zucker mit den Eiern schaumig. Füge Speisestärke hinzu und mische sie mit der Zuckercreme. Nun folgen Milch sowie der Saft und die abgeriebene Schale einer Bio-Zitrone.

5. Die gebackenen Mürbeteigblüten bestreust du erst mit Puderzucker, dann füllst du ihre noch leere Mitte mit der Zitronencreme.

Weihnachtsbaum-Cupcakes

Dafür brauchst du

Teig

100 g Mehl
75 g Zucker
65 g weiche Butter
10 g Backkakao
2 Eier
2 EL Milch
1 TL Backpulver
½ TL Vanillezucker

Dekoration

125 g weiche Butter
125 g Puderzucker
150 g Frischkäse
6 Eiswaffeln
grüne Lebensmittelfarbe
Zuckerperlen

So lange brauchst du

Zubereitung:
ca. 45 Min
Umluft:
160 °C - 20 Min

6 Portionen
Muffinform, Spritzbeutel

▶ Hier geht´s zum Video: www.leckerschmecker.me/weihnachtsbaum-cupcakes/

1. Fülle alle Teigzutaten in eine Schüssel und verarbeite sie zu einem Teig. Teile diesen auf sechs Muffinförmchen auf, die du in ein Muffinblech setzt, damit sie ihre Form nicht verlieren. Backe die Muffins bei 160 °C für 20 Minuten.

2. Um die Buttercreme zuzubereiten, schlage die Butter schaumig auf und füge beim Rühren den Puderzucker hinzu. Zum Schluss mischst du den Frischkäse unter. Nimm 6 EL von der Creme ab. Die übrige Creme färbst du mit grüner Lebensmittelfarbe ein.

3. Streiche die weiße Buttercreme auf die ausgekühlten Muffins. Setze auf jeden Muffin mit der Spitze nach oben eine Eiswaffel. Bestreiche die Waffelwände mit grüner Buttercreme. Fülle die übrige Creme in einen Spritzbeutel mit Sterntülle um. Nun beginne damit, von unten nach oben und Reihe für Reihe kleine Tupfen auf die Eiswaffeln zu setzen. Abschließend kannst du die Weihnachtsbäume nach Belieben mit Zuckerperlen verzieren. Eine Pinzette erleichtert das Ansetzen auf der Creme.

Weihnachtsmützen-Brownies

Dafür brauchst du

Brownieteig

800 g Nuss-Nougat-Creme
4 Eier
140 g Mehl

Außerdem

300 g Schlagsahne
6 frische Erdbeeren

So lange brauchst du

Zubereitung:
ca. 10 Min
Ober-/Unterhitze:
180 °C - 15 Min

---

6 Portionen
runde Ausstechform, Spritzbeutel

▶ Hier geht´s zum Video: www.leckerschmecker.me/weihnachtstafel-ideen/

1. Gib die Nuss-Nougat-Creme, die Eier und das Mehl in eine große Schüssel und mische alles gut zu einem Teig.

2. Lege ein Backblech mit Backpapier aus, gib den Teig darauf und backe ihn für 15 Minuten bei 180 °C.

3. Stich die abgekühlten Brownies rund aus und spritze steif geschlagene Sahne mithilfe eines Spritzbeutels kreisrund auf. Anschließend setzt du auf jeden Brownie eine Erdbeere. Zuletzt kommt noch ein Tupfer Sahne obenauf.

Rentier-Brownies

Dafür brauchst du

Brownieteig

800 g Nuss-Nougat-Creme
140 g Mehl
4 Eier

Außerdem

12 Zuckeraugen
6 rote „Jelly Beans“
6 Salzbrezeln
dunkle Kuvertüre

So lange brauchst du

Zubereitung:
ca. 10 Min
Ober-/Unterhitze:
180 °C - 15 Min

6 Portionen
Springform:
20 cm

▶ Hier geht´s zum Video: www.leckerschmecker.me/weihnachtstafel-ideen/

1. Gib die Nuss-Nougat-Creme, die Eier und das Mehl in eine große Schüssel und verrühre alles gut zu einem Teig.

2. Fette die Springform ein, gib den Teig hinein und backe ihn für 15 Minuten bei 180 °C.

3. Sobald der Brownie abgekühlt ist, wird er in sechs Stücke geschnitten. Schmilz die Kuvertüre im Wasserbad. Gib auf jede „Jelly Bean“ etwas Kuvertüre und setze dann alle als Rentiernasen oben an die Spitzen der Kuchenstücke.

4. Die Salzbrezeln werden auseinandergebrochen und als Geweihe an die beiden anderen Ecken jedes Kuchenstücks gesteckt. Danach tupfst du etwas Kuvertüre auf die Zuckeraugen und setzt jeweils zwei von ihnen nebeneinander mittig auf ein Stück.

Kleingebäck

Weihnachtsrezepte

Cruffins

Dafür brauchst du

Teig

600 g Mehl
2 Eier
100 g weiche Butter
90 g Zucker
½ TL Salz
20 g Trockenhefe
250 ml Milch

Schokoladenfüllung

40 g Backkakao
110 g Zucker
50 g Butter
150 ml Milch
60 g Mehl
100 g Zartbitterschokolade
1 Prise Salz

So lange brauchst du

Zubereitung:
ca. 35 Min
+ 2 Std gehen lassen
+ ca. 30 Min gefrieren
Umluft:
170 °C - 25 Min

12 Portionen
Muffinform

▶ Hier geht´s zum Video: www.leckerschmecker.me/cruffins/

1. Verrühre für den Teig Mehl, Eier, Butter, Zucker und Salz in einer Schüssel. Rühre dann die Hefe in die lauwarme Milch ein und gib sie zu den restlichen Zutaten in die Schüssel. Verknete nun alles so lange zu einem Teig, bis dieser nicht mehr klebt. Lass ihn anschließend 2 Stunden zugedeckt an einem warmen Ort gehen, bis er etwa das doppelte Volumen angenommen hat.

2. Für die Schokofüllung gibst du nun Kakao, Zucker, Butter, Milch und Mehl in einen Topf. Während des Erhitzens raspelst du die Schokolade darüber und gibst zuletzt eine Prise Salz dazu. Sobald die Masse glatt und dickflüssig ist, füllst du sie in eine Schüssel um und lässt sie – idealerweise für ca. 30 Minuten im Gefrierfach – so lange erkalten, bis sie richtig zäh geworden ist.

3. Walze den Teig auf einer bemehlten Arbeitsfläche kreisförmig aus. Lass ihn nicht zu dünn werden, damit er beim Weiterverarbeiten nicht reißt. Verteile nun die kalte Kakaomasse gleichmäßig auf dem ganzen Teig, spare dabei aber die Ränder aus.

4. Nun klappst du zwei gegenüberliegende Seiten zur Mitte hin ein – sie sollen sich dort berühren. Klappe eine auf die andere Hälfte, sodass du eine Art breite Teigstange vor dir hast. Walze diese nochmal aus, falte sie wieder längs und wiederhole die beiden Schritte nochmal. Als Letztes walzt du den Teig noch einmal aus und klappst längs beide gegenüberliegenden Seiten zur Mitte hin ein. Dann rollst du das Teigstück gleichmäßig zu einer Rolle. Abschließend teilst du sie in etwa 3 cm lange Stücke.

5. Setze die Stücke senkrecht in eine gefettete Muffinformen und backe die Cruffins dann für 25 Minuten bei 170 °C.

Tipp: Probiere die Cruffins doch auch mal mit Kokos- oder Erdbeerfüllung aus.

Apfel-Zimt-Röllchen

Dafür brauchst du

Füllung

50 g Zucker
1 Apfel
50 ml Wasser
1 Prise Zimt
1 EL Speisestärke

Mantel

4 Scheiben Toastbrot
4 EL Butter
4 EL Zucker-Zimt-Mischung

So lange brauchst du

Zubereitung:
ca. 20 Min
Umluft:
180 °C - 15 Min

4 Portionen
Backblech

▶ **Hier geht´s zum Video:** www.leckerschmecker.me/apfel-zimt-roellchen/

1. Schneide den Apfel in Würfel. Gib den Zucker in eine Pfanne und lass ihn karamellisieren. Dann fügst du Apfelwürfel, Wasser, Zimt und Stärke hinzu und kochst die Zutaten zu einer dickflüssigen Masse auf.

2. Nun entfernst du die Rinde vom Toastbrot und rollst die Scheiben vorsichtig mit einem Nudelholz flach aus.

3. Teile die erkaltete Apfelmasse auf die Scheiben auf und rolle diese zusammen.

4. Wende die Röllchen dann in Butter und schließlich in der Zucker-Zimt-Mischung.

5. Jetzt müssen die Röllchen nur noch bei 180 °C für 15 Minuten im Ofen gebacken werden, bis sie goldbraun sind.

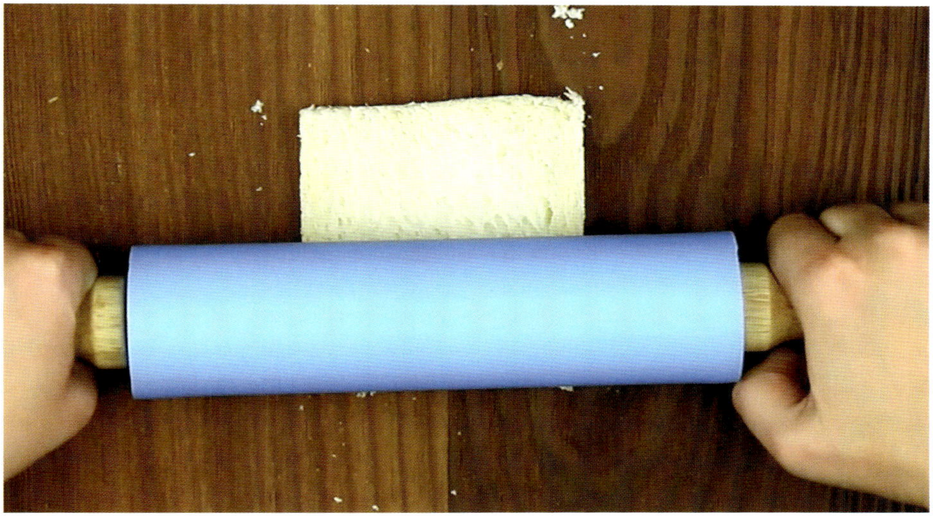

Nutella-Kranz

Dafür brauchst du

Kranz

7 g Trockenhefe
140 ml lauwarmes Wasser
1 EL Zucker
300 g Mehl
4 EL Pflanzenöl
1 Prise Salz
200 g Nuss-Nougat-Creme
2 Eigelb

Garnierung

Nuss-Nougat-Creme zum Dippen
frische Minzblätter
rote Johannisbeeren
Blaubeeren
Puderzucker

So lange brauchst du

Zubereitung:
ca. 40 Min
+ 1 Std gehen lassen
Ober-/Unterhitze:
170 °C - 25 Min

▶ Hier geht´s zum Video: www.leckerschmecker.me/nutella-kranz/

1. Bereite den Teig zu, indem du Hefe, Wasser und Zucker verrührst und zunächst 10 Minuten stehen lässt. Verknete die Mischung danach mit dem Mehl, dem Öl und dem Salz zu einem Teig. Lass diesen anschließend 1 Stunde gehen.

2. Rolle den Hefeteig danach großzügig auf einer bemehlten Arbeitsfläche aus, bestreiche den Teig mit Nuss-Nougat-Creme und rolle ihn von beiden Seiten zur Mitte hin ein. Halbiere die Doppelrolle nun längs, damit du zwei einzelne Rollen erhältst.

3. Ordne beide Rollen auf einem mit Backpapier ausgelegten Backblech als Kranz an. Die Enden müssen sich berühren.

4. Schneide den Kranz alle 2 cm mit einer Schere ein und ziehe die Segmente so auseinander, dass sie immer abwechselnd nach innen und nach außen zeigen.

5. Bestreiche den Kranz großzügig mit Eigelb und backe ihn dann im vorgeheizten Ofen für 25 Minuten bei 170 °C.

6. Die Garnierung ist natürlich optional, aber mit einem Schüsselchen Nuss-Nougat-Creme in der Mitte zum Dippen sowie ein paar Minzblättchen, Johannisbeeren und Blaubeeren wird dieses Gebäck zum echten Hingucker. Den letzten Schliff kannst du deinem Werk verpassen, indem du es mit etwas Puderzucker bestäubst.

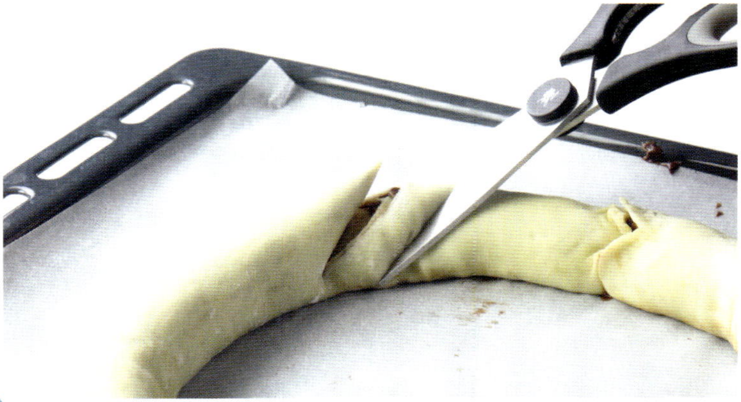

3 Blätterteig-Teilchen mit Kirschen

Dafür brauchst du

300 g Kirschen
300 g Gelierzucker 1:1
2 ½ Rollen Blätterteig
Eigelb
Puderzucker

So lange brauchst du

Zubereitung:
ca. 30 Min
Ober-/Unterhitze:
180 °C - 20 Min

▶ **Hier geht´s zum Video:** www.leckerschmecker.me/kirsch-teilchen/

Vorbereitung

1. Wasche und entsteine die Kirschen. Püriere die Kirschen - bis auf eine Handvoll - in einem großen Topf, füge den Gelierzucker hinzu und koche alles 4 Minuten unter Rühren. Fülle die Konfitüre in Einmachgläser um und verschließe diese gut. Erst wenn die Konfitüre vollständig abgekühlt ist, wird sie weiterverarbeitet. Du kannst es dir natürlich auch leichter machen und fertige Kirschkonfitüre verwenden.

Variante 1

2. Schneide eine Rolle Blätterteig in sechs Quadrate. Schneide jede Quadratseite mittig fast bis zum Mittelpunkt ein. Auf den Mittelpunkt setzt du 1 TL Konfitüre.

3. Falte die Ecken auf die Mitte und drücke die äußeren Enden so zusammen, dass eine Art Blüte entsteht. Setze die Blüten auf ein mit Backpapier ausgelegtes Blech, bestreiche sie mit einem verquirlten Eigelb und setze in die Mitte je eine Kirsche.

Variante 2

2. Schneide eine Rolle Blätterteig in sechs Quadrate und diese wiederum in je zwei Dreiecke. Dann schneidest du in jedes Dreieck drei ineinanderliegende Ecken ein.

3. Setze unterhalb der kleinsten Ecke 1 TL Konfitüre sowie eine Kirsche auf den Teig. Nun wickle die beiden Ecken neben der Kirsche um die Frucht herum. Bestreiche den Blätterteig mit Eigelb.

Variante 3

2. Schneide eine halbe Rolle Blätterteig ir etwa 2 cm breite Streifen. Wickle die Streifen leicht überlappend um je ein aus Backpapier angefertigtes Röllchen. Bestreiche sie mit Eigelb.

3. Erst nach dem Backen entfernst du das Backpapierröllchen und befüllst die Teilchen mithilfe eines Spritzbeutels mit Konfitüre.

Alle Teilchen werden bei 180 °C für 20 Minuten gebacken und können anschließend mit Puderzucker bestreut werden.

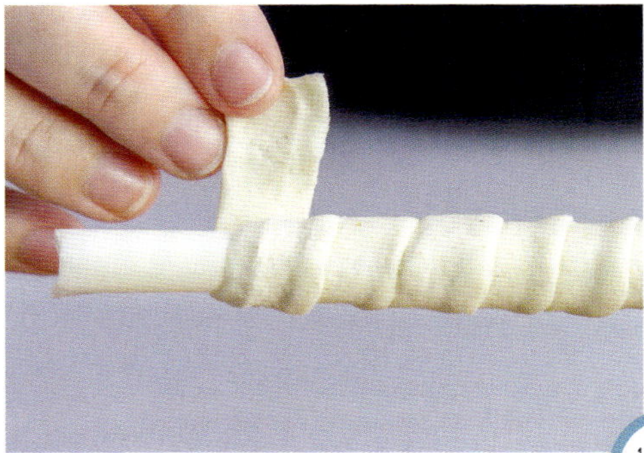

5-Minuten-Schmetterlings-Kekse

Dafür brauchst du

½ Rolle Blätterteig
3 EL Nuss-Nougat-Creme
1 Ei

So lange brauchst du

Zubereitung:
ca. 5 Min
Umluft:
180 °C - 15 Min

▶ **Hier geht´s zum Video:** www.leckerschmecker.me/schmetterlings-kekse/

1. Rolle den Blätterteig aus und bestreiche ihn gleichmäßig mit der Nuss-Nougat-Creme.

2. Nun rollst du ihn von beiden Enden her gleich dick bis zur Mitte ein.

3. Schneide die ungleichmäßigen Endstücke der „Doppel-Teigrolle" ab, dann geht es ans Portionieren. Dafür schneidest du die Rolle im Abstand von 1,5 cm ein - und zwar immer abwechselnd: erst bis fast zum Boden, dann den zweiten Schnitt ganz durch.

4. Schlage den Teig jeweils entlang der mittleren Schnittkante auf.

5. Bestreiche die Schmetterlinge mit Ei und backe sie bei 180 °C für 15 Minuten.

Zimtrolle im Apfel

Dafür brauchst du

Teig
250 g Mehl
35 g Zucker
1 Prise Salz
½ Pck. Trockenhefe
100 ml lauwarme Milch
50 g weiche Butter
1 Ei

Außerdem
3 grüne und 3 rote Äpfel
90 g braunen Zucker
1 EL Zimt
100 g sehr kalte Butter
1 Eigelb

Glasur
60 g Puderzucker
1 EL Zitronensaft

So lange brauchst du

Zubereitung:
ca. 30 Min
+ ca. 1 Std gehen lassen
Umluft:
175 °C - 30 Min

6 Portionen
Auflaufform

▶ Hier geht´s zum Video: www.leckerschmecker.me/zimtrolle-im-apfel/

1. Bereite den Teig zu, indem du Mehl, Zucker und Salz in einer Schüssel mischst. Drücke in die Mitte der Mischung eine Mulde. Verrühre Hefe und 3 EL lauwarme Milch, gib sie in die Mehlmulde und verrühre sie mit etwas Mehl vom Rand. Lass den Vorteig an einem warmen Ort zugedeckt ca. 15 Minuten gehen.

2. Gib Butter, Ei und die übrige Milch zum Vorteig hinzu und verrühre alles zunächst mit dem Knethaken, dann mit den Händen, zu einem glatten Teig. Lass den Hefeteig an einem warmen Ort zugedeckt 45 Minuten gehen, bis er sein Volumen verdoppelt hat.

3. Schneide das obere Viertel der Äpfel ab und höhle die Früchte mit einem kleinen Löffel aus. Gib das Apfelinnere in eine Schüssel und verarbeite es mit einem Pürierstab zu Apfelmus. Fülle das Mus zurück in die hohlen Äpfel. Schneide nun die abgeschnittenen Apfeldeckel in kleine Stücke.

4. Rolle den Hefeteig aus. Vermische den braunen Zucker mit dem Zimt und bestreue damit den Teig. Gib die kleinen Apfelstückchen darauf und hobele mit einer Reibe die kalte Butter in kleinen Flöckchen darüber.

5. Rolle den Teig zusammen und schneide die Rolle in sechs dicke Scheiben. Stecke die Teigschnecken in die ausgehöhlten Äpfel und bepinsele sie mit etwas Eigelb.

6. Backe die Apfelschnecken in einer Auflaufform für etwa 30 Minuten bei 175 °C.

7. Verrühre für die Glasur den Puderzucker mit dem Zitronensaft und verteile ihn über die Äpfel.

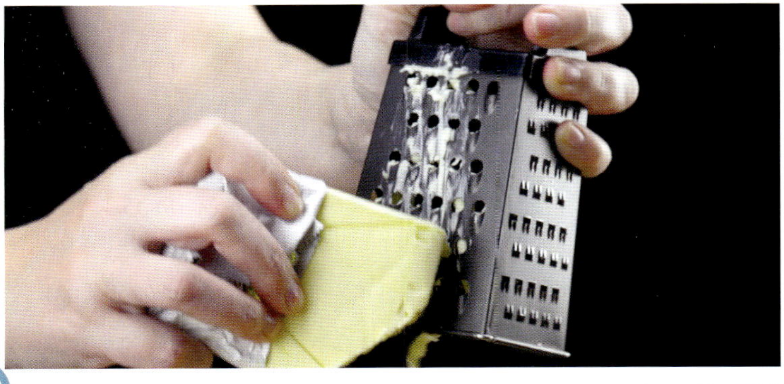

Franzbrötchen

Dafür brauchst du

Teig

300 g Mehl
125 ml Milch
35 g weiche Butter
35 g Zucker
1 Ei
¼ Würfel frische Hefe (11 g)
1 Prise Salz

Füllung

35 g weiche Butter
35 g Zucker
1 TL Zimt

So lange brauchst du

Zubereitung:
ca. 30 Min
+ 1 Std gehen lassen
Ober-/Unterhitze:
180 °C - 20 Min

6 Portionen

▶ Hier geht´s zum Video: www.leckerschmecker.me/franzbroetchen/

1. Gib Mehl, Ei, Butter, Zucker und Salz in eine große Schüssel. Erwärme die Milch und löse darin die Hefe auf. Füge die Hefe-Milch zu den restlichen Zutaten und verknete alles mit Knethaken zu einem Teig. Decke diesen mit einem Küchentuch ab und lass ihn 1 Stunde gehen.

2. Rolle den Teig auf einer bemehlten Arbeitsfläche zu einem Rechteck aus. Bestreiche ihn mit sehr weicher, aber nicht flüssiger Butter.

3. Vermische Zucker und Zimt, verteile die Mischung auf dem Teig und rolle diesen zusammen.

4. Um die Franzbrötchen in Form zu bringen, schneidest du die Teigrolle im wechselnden 45°-Winkel in sechs Trapeze.

5. Lege die Portionen auf ein Backblech und drücke einen runden Stab, z.B. den Stiel eines Kochlöffels, in ihre Mitte. Dadurch wölbt sich der Teig an den Schnittkanten leicht nach oben und das Gebäck bekommt seine typische Form.

6. Backe die Franzbrötchen für 20 Minuten bei 180 °C.

Berliner Pfannkuchen

Dafür brauchst du

Teig

95 ml Milch
75 g Butter
25 g Zucker
1 TL Vanillearoma
10 g Trockenhefe
375 g Mehl
2 Eier
¾ TL Salz

zum Frittieren

1 ½ Liter Frittieröl

Glasur

Zucker
weiße Kuvertüre
dunkle Kuvertüre
Karamellsoße

Füllung

Erdbeermarmelade
Pflaumenmus
Apfelmus
Eierlikörpudding

So lange brauchst du

Zubereitung:
ca. 40 Min
+ insgesamt 1 Std gehen lassen
Frittieren:
ca. 30 Sek pro Seite

---

12 Portionen
Spritzbeutel

▶ Hier geht´s zum Video: www.leckerschmecker.me/berliner-pfannkuchen/

1. Erhitze für den Grundteig zunächst Milch zusammen mit Butter, Zucker, Vanillearoma und Trockenhefe. Die Mischung soll so warm werden, dass sich Butter und Zucker auflösen. Lass sie aber keinesfalls über 40 °C warm werden. Verrühre alle Zutaten sorgfältig mit einem Schneebesen.

2. Gib Mehl, Eier und Salz in eine Schüssel und gieße die Milch-Hefe-Mischung darüber. Knete das Ganze zu einem Teig. Dessen Konsistenz sollte so beschaffen sein, dass er sich leicht von der Schüssel löst. Forme ihn zu einer Kugel und lasse ihn zugedeckt 45 Minuten an einem warmen Ort gehen.

3. Knete anschließend den Teig auf einer bemehlten Arbeitsfläche noch einmal kräftig durch und teile ihn in zwölf gleich große Stücke. Forme jedes Teigstück zu einer Kugel und lass diese wiederum zugedeckt 20 Minuten an einem warmen Ort gehen.

4. Der letzte Schritt des Grundrezepts ist, die Kugeln in heißem Fett zu frittieren. Erhitze das Öl dafür in einem großen Topf auf 180 °C und gib die Kugeln vorsichtig mit einer Schaumkelle hinein. Sie werden auf jeder Seite etwa 30 Sekunden ausgebacken. Lass sie anschließend auf einem Kuchengitter abkühlen.

5. Um die Berliner zu befüllen, mache mit einem dicken Holzstäbchen in jeden von ihnen einen seitlichen, bis etwa zur Mitte reichenden Einstich. Drehe das Stäbchen ein paar Mal hin und her, damit sich das Loch vergrößert.

6. Es folgen die 4 Varianten:

- Für die erste füllst du Erdbeermarmelade in einen Spritzbeutel mit schmaler Lochtülle, spritzt die Marmelade in den Berliner und tauchst ihn dann zur Hälfte in die - im Wasserbad erwärmte - weiße Kuvertüre.
- Für die zweite Version füllst du Pflaumenmus in eine Spritztülle und spritzt es in den Hefeteig. Anschließend wälzt du eine Hälfte des Berliners in Zucker.
- Für die dritte Variante spritzt du Eierlikörpudding in die Kugel und tauchst sie anschließend bis zur Hälfte in die dunkle Kuvertüre.
- Für die vierte Variante wird Apfelmus in den Teig gespritzt und der Berliner anschließend zur Hälfte in Karamellsoße getaucht.

Portugiesische Puddingtörtchen

Dafür brauchst du

1 Rolle Blätterteig
250 g Schlagsahne
100 g Zucker
4 Eigelb
1 EL Mehl
Abrieb einer halben Zitrone

So lange brauchst du

Zubereitung:
ca. 25 Min
Umluft:
200 °C - 25 Min

6 Portionen
kleine Schüssel, Muffinform

▶ Hier geht´s zum Video: www.leckerschmecker.me/portugiesische-puddingtoertchen/

1. Rolle den Blätterteig auf einer bemehlten Arbeitsfläche mit einem Nudelholz aus. Mit einer kleinen Schüssel stichst du sechs Portionen Teig aus, die du in die Mulden einer Muffinform legst.

2. Gib Sahne, Zucker, Eigelb, Mehl und Zitronenabrieb in einen Topf, mische die Zutaten und erhitze die Masse langsam, bis sie kocht. Koche sie dann noch für 2 Minuten unter ständigem Rühren, bis sie dick und cremig ist.

3. Löffle diesen Pudding nun in den Blätterteig und backe die Törtchen bei 200 °C für 25 Minuten.

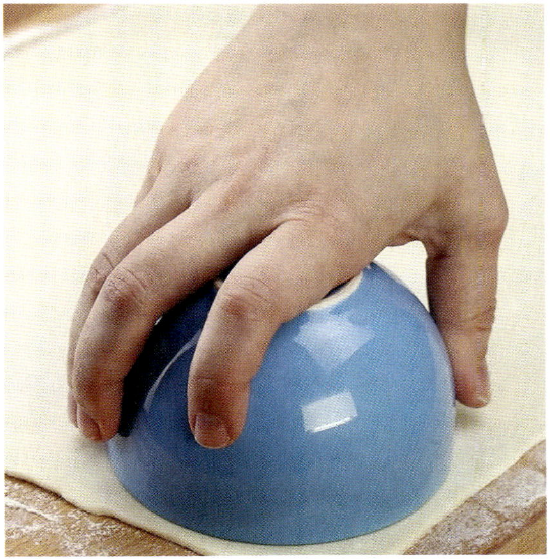

Éclairs wie in Frankreich

Dafür brauchst du

Teig

70 g Butter
200 ml Wasser
1 EL Zucker
Salz
140 g Mehl
4 Eier

Vanillecreme

60 g Vanillepuddingpulver
500 ml Milch
2 Eigelb
1 EL Vanillearoma
60 g Zucker
2 EL Rum
250 g Schlagsahne

Glasur

3 EL Marillenmarmelade
160 g Schlagsahne
1 EL Honig
200 g dunkle Schokolade

Garnierung

60 g Haselnüsse
20 g Butter
1 EL Honig

So lange brauchst du

Zubereitung:
ca. 1 Std
Umluft:
190 °C - 30 Min

---

ca. 15 Portionen
Spritzbeutel

Hier geht´s zum Video: www.leckerschmecker.me/eclairs/

1. Beginne mit der Herstellung des Teigs: Koche die Butter mit dem Wasser, dem Zucker und etwas Salz auf, gib das Mehl hinzu und rühre es so lange ein, bis ein gleichmäßiger Teig entsteht.

2. Gib den Teig in eine Schüssel und rühre die vier Eier einzeln unter, sodass der Teig schön geschmeidig wird.

3. Fülle den Teig dann in einen Spritzbeutel mit breiter Sterntülle, spritze einige Stangen auf ein Backblech und backe sie 30 Minuten lang im vorgeheizten Ofen bei 190 °C. Lasse die Ofentür durchweg geschlossen, da die Éclairs sonst in sich zusammenfallen könnten.

4. Währenddessen bereitest du die Creme vor: Koche 300 ml Milch, 60 g Zucker und 2 EL Rum auf. Vermenge das Puddingpulver, 200 ml Milch, zwei Eigelb und das Vanillearoma miteinander und gib es zu der Rum-Milch. Rühre, bis eine cremige Masse entsteht. Decke die Masse mit Frischhaltefolie ab und lasse sie auskühlen.

5. Schlage die Puddingmasse cremig auf. Hebe anschließend die steif geschlagene Sahne unter. Fülle die so entstandene Creme in einen Spritzbeutel mit einer schmalen Fülltülle.

6. Inzwischen sind die Éclairs fertiggebacken. Nimm sie aber nicht gleich aus dem Ofen, sondern schalte diesen aus und lasse dein Backwerk darin auskühlen. Wenn du sie herausnimmst, wirst du merken, wie federleicht die Stangen sind, da sie innen einen großen Hohlraum besitzen, der nun gefüllt werden kann.

7. Bepinsele danach die Oberflächen der Éclairs mit der erwärmten Marillenmarmelade und lasse sie leicht antrocknen.

8. Koche für die Glasur die Sahne mit Honig auf und gib die Schokolade dazu. Lasse sie schmelzen und rühre sie glatt. Tunke die mit Marmelade bestrichene Oberseite der Éclairs in die Schokolade.

9. Zu guter Letzt kannst du die Éclairs noch mit gehackten Haselnüssen garnieren, die du zuvor in Butter und Honig angeröstet hast.

Apfelstrudel-Röllchen

Dafür brauchst du

3 Äpfel
4 EL Zucker
2 EL Zitronensaft
170 g Mandelblättchen
1 Rolle Blätterteig
50 g Schlagsahne
1 Pck. Vanillepuddingpulver
250 ml Milch
1 Ei

So lange brauchst du

Zubereitung:
ca. 25 Min
Umluft:
180 °C - 30 Min

---

6 Portionen
Muffinform

▶ Hier geht´s zum Video: www.leckerschmecker.me/apfelstrudel-roellchen/

1. Schäle und entkerne die Äpfel. Schneide sie dann in kleine Würfel. Mische diese mit Zucker, Zitronensaft und Mandelblättchen.

2. Lege den Blätterteig auf eine bemehlte Arbeitsfläche und rolle ihn noch etwas größer aus. Drittele den Teig quer und bestreiche ihn mit Sahne. Verteile die Apfelfüllung auf etwa drei Vierteln der Teigstreifen. Achte darauf, oben und unten einen Rand zu lassen.

3. Rolle den Teig zusammen, das leere Teigviertel bildet dabei jeweils den Abschluss, und drücke die so entstandenen Rollen an den offenen Enden zusammen. Halbiere die Rollen und setze sie mit der offenen Schnittkante nach oben in eine Muffinform.

4. Rühre das Puddingpulver in die Milch ein und träufle sie auf die Apfelfüllung.

5. Schließlich bestreichst du die Röllchen mit Ei und backst sie für 30 Minuten bei 180 °C.

„kinder-Riegel"-Hörnchen

Dafür brauchst du

4 Riegel „kinder Schokolade"
1 Rolle Blätterteig
1 Ei

So lange brauchst du

Zubereitung:
ca. 10 Min
Umluft:
180 °C - 15 Min

---

4 Portionen

▶ Hier geht´s zum Video: www.leckerschmecker.me/kinderriegel-hoernchen/

1. Schneide zunächst Dreiecke aus dem Blätterteig, wobei jeweils die kurze Seite etwas länger als ein Schokoriegel sein sollte.

2. Wickle jeden Riegel in den Blätterteig ein, sodass ein gleichmäßiges Hörnchen entsteht. Wickle immer von der breiten Seite des Teiges bis zur Spitze.

3. Drücke die Seiten des Hörnchens ordentlich zusammen, damit die Schokolade später nicht herausläuft.

4. Schlage ein Ei auf und verquirle es mit einer Gabel. Bestreiche anschließend die Hörnchen mit dem Ei.

5. Gib die Hörnchen für 15 Minuten bei 180 °C in den Ofen, bis sie goldbraun sind.

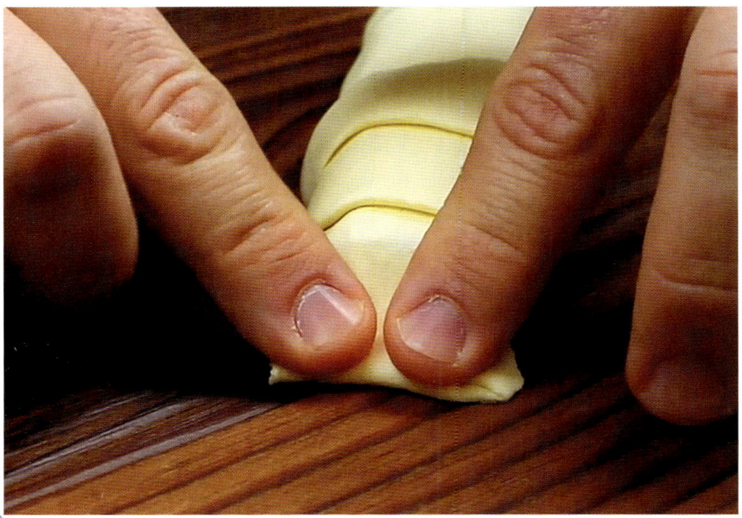

Melonen-Macarons

Dafür brauchst du

Baiser

2 Eier
20 g Zucker
Lebensmittelfarbe in Rosa und Grün
150 g Puderzucker
90 g gemahlene Mandeln

Füllung

200 g weiße Schokolade
100 g Schlagsahne

Außerdem

schwarzen Sesam

So lange brauchst du

Zubereitung:
ca. 45 Min
Ober-/Unterhitze:
150 °C - 15 Min

Spritzbeutel

▶ Hier geht´s zum Video: www.leckerschmecker.me/melonen-macarons/

1. Trenne ein Ei in Eigelb und Eiweiß. Schlage das Eiweiß steif. Gib währenddessen 10 g Zucker und wenige Tropfen rosa Lebensmittelfarbe dazu. Siebe 45 g Mandeln und 75 g Puderzucker auf den Eischnee, um Klumpen zu vermeiden. Hebe diese Zutaten vorsichtig unter und fülle den Eischnee in einen Spritzbeutel.

2. Fertige mit den verbliebenen Zutaten einen zweiten Baiserteig an, färbe diesen jedoch grün ein.

3. Setze je zehn münzgroße Portionen beider Teige auf ein Backblech. Der Teig läuft auf dem Backblech noch etwas auseinander. Mithilfe einer Pinzette setzt du auf jede rosa Portion sternförmig sechs Sesamkerne. Sobald du fertig bist, lässt du die ungebackenen Macarons 10 bis 20 Minuten antrocknen.

4. Im vorgeheizten Ofen werden die Macarons nun für 12 bis 15 Minuten bei 150 °C gebacken. Lass sie anschließend vollständig auskühlen.

5. Erhitze in der Zwischenzeit die Sahne in einem Wasserbad, füge die weiße Schokolade hinzu und rühre sie unter, bis sie vollständig geschmolzen ist.

6. Streiche die ausgekühlte Schokoladencreme auf die grünen Macarons und setze die rosa Hälfte vorsichtig darauf.

Nutella-Weihnachtsbaum

Dafür brauchst du

2 Rollen Blätterteig
4 EL Nuss-Nougat-Creme
1 Ei

So lange brauchst du

Zubereitung:
ca. 25 Min
Umluft:
190 °C - 15 Min

▶ Hier geht´s zum Video: www.leckerschmecker.me/schoko-weihnachtsbaum/

1. Lege die erste Lage Blätterteig auf ein mit Backpapier ausgelegtes Blech.

2. Streiche ein tannenbaumförmiges Dreieck Nuss-Nougat-Creme auf den Teig.

3. Lege die zweite Lage Blätterteig darüber und schneide den Teig entlang des Nuss-Nougat-Dreiecks ab.

4. Jetzt geht es ans Gestalten. Dazu schneidest du am unteren Ende des Baums einen 3 cm breiten Stamm heraus. Danach schneidest du die Seiten im Abstand von 2 cm ein. Achte darauf, dass der Stamm in der Mitte sowie die Spitze intakt bleiben.

5. Jeden dieser angedeuteten Äste nimmst du dann mit den Fingern und drehst ihn ein- bis zweimal um die eigene Achse.

6. Aus den Resten des Blätterteigs schneidest du dann einen hübschen Stern heraus und drückst ihn auf die Spitze des Weihnachtsbaumes.

7. Jetzt musst du nur noch alles großzügig mit dem verquirlten Ei einpinseln. Gib den Baum dann für etwa 15 Minuten in den auf 190 °C vorgeheizten Backofen.

Geflochtene Plätzchen

Dafür brauchst du

500 g Mehl
160 g Zucker
300 g Butter
1 TL Salz
1 EL Vanillearoma
2 Eier
50 g Backkakao

So lange brauchst du

Zubereitung:
ca. 40 Min
Umluft:
175 °C - 12 Min

▶ Hier geht´s zum Video: www.leckerschmecker.me/geflochtene-plaetzchen/

1. Verknete zuerst Mehl, Zucker, Butter und Salz. Füge anschließend Vanillearoma und Eier hinzu und knete den Teig erneut gut durch.

2. Teile den Teig in zwei gleich große Portionen und arbeite in eine der Portionen den Kakao ein.

3. Rolle beide Teige mit einem Nudelholz aus und schneide sie in gleich lange dünne Streifen.

4. Lege die hellen Teigstreifen nebeneinancer auf deine Arbeitsfläche, jeder zweite Streifen rückt dabei etwas ein.

5. Webe nun die dunklen Teigstreifen nacheinander in die hellen, sodass ein Flechtgitter entsteht.

6. Nun kannst du den Teig mit Formen ausstechen. Gebacken werden die Plätzchen für 12 Minuten bei 175 °C.

Das Team stellt sich vor:

Das Leckerschmecker-Team:

Herstellungsleitung:
Marco Ogrzewalla
Patrick Piel
Joscha Durand

Kamera/Schnitt:
Quan Tran
Niklas Thelen
Oliver Taranczewski
Ju Yong Kim
Michell Domschke
Nico Erbach
Sven Knoche

Schnitt:
Steven Peschke
Julia Falero

Köche:
Gregor Brühs
Cristina Renz
Oliver Stilla
Johannes Tschoep

Rezeptrecherche:
Juliana Guarany

Social-Media-Redaktion:
Maria Stadie
Jana Malucha

Redaktionsassistenz:
Ina Bauseneik

Das Buch-Team:

Projektleitung:
Paul McCormick

Design & Layout:
Lara Nelles

Lektorat:
Alexander Schölch
Martin Breit
Christoph Beck

Text:
Benjamin Krüger
Britta Meyer
Isabell Griesert

www.leckerschmecker.me

facebook.com/leckerschmecker.me

instagram.com/leckerschmecker.me

pinterest.de/leckerschmecker

youtube.com/leckerschmecker

Media Partisans GmbH
Berliner Str. 89
14467 Potsdam
ISBN: 978-3-9819299-7-3
Printed in Germany by
Westermann Druck Zwickau GmbH

REGISTER